고엔카의 위빳사나 10일 코스

내면의 평화에 이르는 여행

고엔카의 위빳사나 10일 코스

내면의 평화에 이르는 여행

윌리엄 하트 엮음 | 담마코리아 옮김

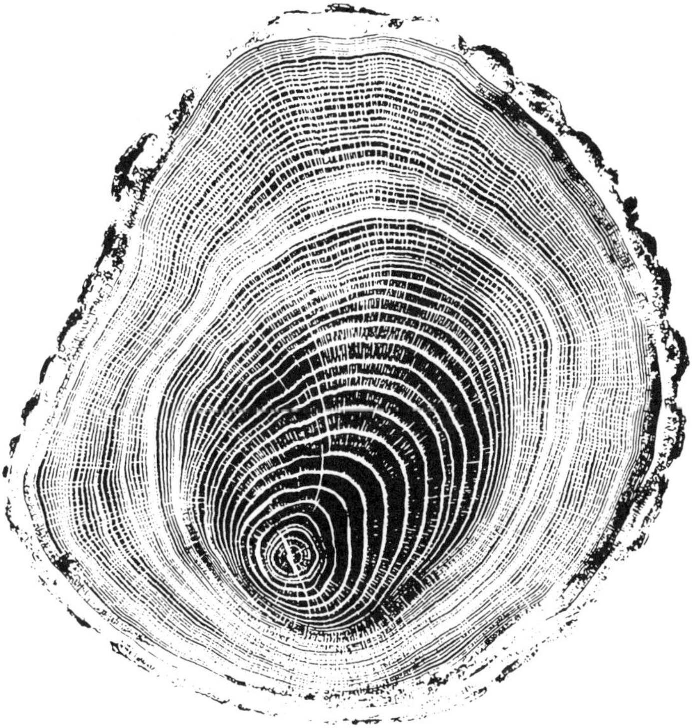

THE DISCOURSE SUMMARIES

of

S.N. GOENKA

김영사

고엔카의 위빳사나 10일 코스
: 내면의 평화에 이르는 여행

1판 1쇄 발행 2017. 7. 12.
1판 7쇄 발행 2024. 10. 25.

지은이 S.N.고엔카
엮은이 윌리엄 하트
옮긴이 담마코리아

발행인 박강휘
편집 태호 | 디자인 홍세연
발행처 김영사
등록 1979년 5월 17일(제406-2003-036호)
주소 경기도 파주시 문발로 197(문발동) 우편번호 10881
전화 마케팅부 031)955-3100, 편집부 031)955-3200 | 팩스 031)955-3111

값은 뒤표지에 있습니다. ISBN 978-89-349-7849-7

홈페이지 www.gimmyoung.com 블로그 blog.naver.com/gybook
인스타그램 instagram.com/gimmyoung 이메일 bestbook@gimmyoung.com

차례

서문 9

참고문헌에 대한 노트 14

첫째 날 강의 17

수행 초기의 어려움들 | 이 수행의 목적 | 호흡이 왜 출발점으로 선택되었나 | 마음의 본성 | 수행이 어려운 이유와 그 어려움을 어떻게 다룰 것인가 | 피해야 할 위험들

둘째 날 강의 29

죄와 성스러움에 대한 보편적 정의 | 여덟 가지 성스런 길에서 실라sīla와 사마디samādhi란

셋째 날 강의 40

여덟 가지 성스런 길에서 빤냐paññā란 | 들어서 얻은 지혜, 지적인 이해로 얻은 지혜, 경험으로 얻은 지혜 | 깔라빠Kalāpa—4대 원소 | 존재의 세 가지 특징—아닛짜anicca, 아낫따anattā, 둑카dukkha | 표면적 실제를 꿰뚫음

넷째 날 강의 51
위빳사나 수행법에 대한 질문들 | 깜마kamma의 법칙 | 정신적 행위의 중요성 | 마음의 네 부분: 의식 · 지각 · 감각 · 반응 | 알아차림과 평정심을 지키는 것이 고통으로부터 벗어나는 길

다섯째 날 강의 68
네 가지 성스런 진리: 괴로움, 괴로움의 원인, 괴로움의 소멸, 괴로움(조건화되어 함께 발생하는 고리들)을 소멸시키기 위한 방법

여섯째 날 강의 81
감각에 대한 알아차림과 평정심 계발의 중요성 | 4대 원소와 감각과의 관계 | 물질이 일어나는 네 가지 원인 | 다섯 가지 장애: 갈망, 혐오, 정신적 · 육체적 게으름, 흥분, 의심

일곱째 날 강의 94
거친 감각만큼이나 중요한 미세한 감각들에 대한 평정심 | 지속적인 알아차림 | 다섯 친구: 믿음, 노력, 알아차림, 집중, 지혜

여덟째 날 강의 108
증가의 법칙과 그 반대인 소멸의 법칙 | 평정심은 최선의 복락 | 참된 행위의 삶을 살게 하는 평정심 | 행복한 미래를 보장하는 평정심의 유지

아홉째 날 강의 121
일상생활에서 수행법의 적용 | 열 가지 빠라미 paramī

열째 날 강의 135
수행법 다시 돌아보기

열하나째 날 강의 151
명상 코스가 끝난 후에 수행을 계속하는 방법

강의에 나오는 빠알리어 찬팅과 번역 161
빠알리어 용어 풀이 197

• **일러두기**

이 책의 빠알리pāli어 발음 표기는 한국불교학회의 불교학술용어 표준화안을 따랐습니다.

서문

"해탈은 토론이 아닌 수행을 통해서만 성취할 수 있다" 라고 고엔카S.N. Goenka 님은 말했습니다. 위빳사나 명상 코스는 해탈을 향해 발을 내딛을 수 있는 실제적인 기회입니다. 이 코스의 참가자는 일상의 흐름을 깨트리는 편견과 긴장으로부터 마음을 자유롭게 하는 방법을 배우게 됩니다. 그럼으로써 참가자는 매 순간 평화롭고 생산적이며 행복하게 사는 법을 발견하기 시작합니다. 동시에 마음의 정화, 모든 고통으로부터의 자유, 완전한 깨달음이라고 하는 인간이 바라는 최상의 목표를 향해 나아가기 시작합니다.

이들 중 어떤 것도 생각하거나 바라는 것만으로는 저

절로 성취할 수 있는 것이 아닙니다. 목표에 도달하기 위해선 수행이라는 방법을 통해 나아가야 합니다. 이러한 이유로 위빳사나 수행에서는 항상 실제적인 수행이 강조됩니다. 철학적 토론은 허용되지 않습니다. 이론적 논쟁이나 자신의 경험과 관련이 없는 질문도 허용되지 않습니다. 수행자는 할 수 있는 한 자신의 질문에 대한 답을 스스로 찾도록 노력해야 합니다. 지도법사는 수행에 필요한 안내는 어떤 것이든 제공합니다만, 이러한 안내를 실행하는 것은 수행자 자신입니다. 여러분은 자신과의 싸움을 치러야 하고, 그 싸움에서 자신을 구원할 방도를 스스로 마련해야 합니다.

이러한 점을 잘 명심하고 수행의 맥락을 이해하기 위해서는 설명이 필요합니다. 그래서 고엔카 님은 매일 저녁 하루 동안 수행의 경험을 살펴보고, 이 수행법을 다양한 측면에서 밝혀주기 위해 강의를 합니다. 그는 이 강의들이 지적 또는 감정적 유희를 위해 하는 것이 아니라는 것을 강조합니다. 이러한 강의의 목적은 수행자가 올바른 방법으로 수행하여 참된 결과를 성취할 수 있도록 무엇을, 왜 하는가에 대한 이해를 돕기 위한 것으로, 이 책은 이러한 강의들을 요약한 것입니다.

열하루간의 강의는 붓다의 가르침에 대한 폭넓은 개관을 우리에게 보여줍니다. 그러나 이 주제에 대한 접근은 학술적이거나 분석적이지 않습니다. 그 대신 가르침은 역동적이면서도 일관된 모습으로 수행자 앞에 보이는데, 가르침의 다양한 면은 명상 체험이라고 하는 저변에 깔린 일관된 주제를 드러냅니다. 이 체험은 담마Dhamma라는 보석에 참된 삶과 빛을 주는 내면의 불꽃입니다.

이런 경험 없이는 강의 내용을, 붓다의 가르침의 진정한 의미를 충분히 이해할 수 없습니다. 그렇다고 해서 이 가르침에 지적 이해가 필요 없다는 말은 아닙니다. 명상 자체는 지적인 한계를 넘어가는 과정이지만, 지적 이해는 명상 수행을 뒷받침하는 가치가 있습니다.

이러한 이유로 각 강의의 주요점을 간추려서 이 요약집을 준비했는데, 이것은 고엔카 님이 가르친 위빳사나 명상을 수행하는 사람들에게 길잡이가 되어주고 영감을 주기 위해 마련한 것입니다. 이 책을 읽게 될 모든 사람이 위빳사나 수행 코스에 실제로 참가하여, 여기에 설명되어 있는 것을 체험하는 계기가 되길 바랍니다.

위빳사나를 배우고자 하는 사람이 이 요약집을 지침서나 10일 코스를 대신할 수 있는 것으로 여겨서는 안 됩니다. 명상은, 특히 위빳사나 수행은 마음의 심층을 다루는 진지한 작업입니다. 가볍게 또는 대수롭지 않게 시도해서는 안 됩니다. 위빳사나 수행을 배우기 위한 올바른 방법은 수행에 적합한 환경과 숙련된 지도자가 있는 정식 코스에 참가하는 것입니다. 만일 누군가가 이런 충고를 무시하고 이 책에서 읽은 것만을 가지고 혼자 배우려고 한다면, 그는 어려움에 빠지게 됩니다.

다행히 고엔카 님의 위빳사나 명상 코스는 지금 세계 곳곳에서 정기적으로 열리고 있습니다. www.dhamma.org에 접속하면 전 세계에서 열리는 코스 일정을 알 수 있으며, 직접 이메일로 신청할 수 있습니다.

이 요약집은 1983년 8월 미국 매사추세츠 주에 있는 위빳사나 수행센터에서 고엔카 님이 하신 강의를 기초로 한 것입니다. 단 10일째 강의 요약은 1984년 8월 같은 곳에서 하신 강의를 정리한 것입니다.

고엔카 님이 원고를 한 번 보시고 출판에 동의하셨지만, 원고를 꼼꼼히 점검하실 시간은 없었습니다. 그 결과 독자는 약간의 오류와 모순을 발견할지도 모릅니다. 이러한 것은 스승이나 가르침에 책임이 있는 것이 아니라, 오로지 저에게 책임이 있습니다. 이에 대한 비판은 이러한 결점을 시정하기 위한 도움이 되므로 기꺼이 환영합니다.

이 책이 담마를 실천하려는 많은 이에게 도움이 되기를 바랍니다.

모든 존재가 행복하기를!

–윌리엄 하트

참고문헌에 대한 노트

고엔카 님이 인용한 붓다와 그의 제자들의 말씀은 빠알리pāli 경전의 경장인 숫따-삐따까Sutta-piṭaka와 율장인 위나야-삐따까Vinaya-piṭaka에서 발췌한 것입니다. (어떤 인용문들은 경장과 율장 모두에서 발견되지만, 여기서는 경장을 참고했습니다.) 또한 빠알리 경전 주석문헌들에서도 인용한 것도 있습니다. 강의에서 고엔카 님은 이 구절들을 번역할 때 빠알리어 단어 하나하나를 풀이하기보다는 종종 의역으로 설명했는데, 그것은 위빳사나 명상 수행과 관련된 내용을 강조하고 일상 언어로 구절들의 핵심을 드러내고자 한 것입니다.

이 요약집에 나오는 빠알리어 구절들에 대한 설명은

고엔카 님이 강의에서 행했던 것입니다. 이 책의 뒷부분에 있는 빠알리어 구절의 번역은 수행자의 관점을 강조하면서 인용했던 구절들에 대한 좀 더 정확한 의미를 전달하기 위한 것입니다.

요약집에서 사용하는 빠알리어 어휘는 최소한의 필요에 따랐습니다. 이런 단어가 사용되는 곳에서는 일관성을 유지하기 위해서 복수형은 빠알리어로 썼는데, 예를 들면 saṅkhāra의 복수는 saṅkhārā로, kalāpa의 복수는 kalālā로, pārami의 복수는 pāramī로 했습니다.

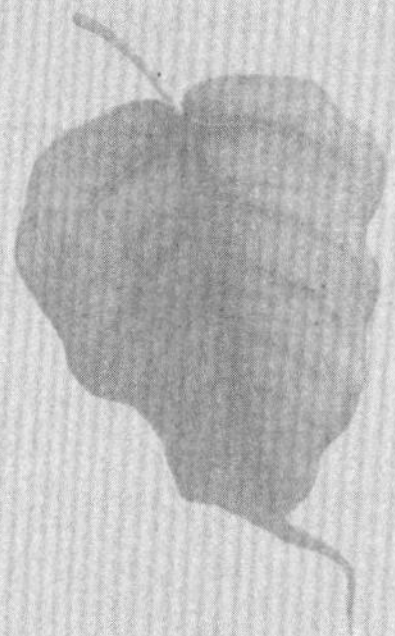

첫째 날 강의

수행 초기의 어려움들

이 수행의 목적

호흡이 왜 출발점으로 선택되었나

마음의 본성

수행이 어려운 이유와 그 어려움을 어떻게 다룰 것인가

피해야 할 위험들

첫째 날은 꽤나 어렵고 불편합니다. 온종일 앉아서 수행하는 것이 익숙하지 않기 때문이지만, 주된 이유는 호흡만, 오로지 호흡만 알아차리는 명상 수행 때문에 그렇습니다.

만약 호흡을 알아차리면서 어떤 낱말이나 주문 또는 어떤 신의 이름을 암송하기 시작하거나 신의 형상이나 모습을 상상하기 시작했다면, 이런 모든 불편함 없이 마음을 집중하기가 훨씬 빠르고 쉬웠을 것입니다. 그러나 여러분은 호흡을 조절하지 말고, 어떤 낱말이나 상상의 모습도 더하지 말고 호흡만을 있는 그대로 관찰하도록 요청받았습니다.

마음의 집중이 이 수행의 최종 목표가 아니기 때문에 그러한 방법들은 허용되지 않습니다. 집중은 더 높은 목표로 이끄는 도움이 되는 단계일 뿐입니다. 마음을 정화하고, 모든 정신적 번뇌와 내면의 부정성들을 제거해서 모든 고통으로부터 해탈을 성취하며, 완전한 깨달음을 얻는 것이 이 수행의 목적입니다.

성냄이나 혐오·욕정·두려움 등과 같은 번뇌들이 마음에 떠오를 때 우리는 괴롭게 됩니다. 원치 않는 어떤 일이 벌어지면 바짝 긴장을 해서는 속에서 매듭을 만듭니다. 원하는 일이 벌어지지 않아도 다시 속에서 긴장을 합니다. 몸과 마음이 풀 수 없는 매듭의 덩어리가 될 때까지 평생토록 이 과정을 되풀이합니다. 그리고 이 긴장감을 자신에게 한정시키지 않고, 접촉하는 모든 사람에게까지 전파시킵니다. 이것은 결코 올바른 삶의 방법이 아닙니다.

여러분은 삶의 기술을 배우기 위해 이 수행 코스에 참가했습니다. 삶의 기술이란 스스로 평화롭고 조화롭게 살고 다른 모든 사람을 위해 평화와 조화를 불러일으키는 방법이며, 사심 없는 사랑·연민·타인의 성공을 진심으로 기뻐함·평정심으로 가득 찬 완전히 순수한 마음이라고 하는 최상의 행복을 향해 나아가면서 나날이 행복하게 사는 방법을 말합니다.

조화로운 삶의 기술을 배우기 위해 여러분은 먼저 부조화의 원인을 발견해야만 합니다. 원인은 항상 내면에 있기에 자신의 실상을 탐구해야만 하는데, 이 수행법은 여러분이 그렇게 하도록 도와서 긴장과 고통만을 낳는 엄청난 집착이 있는 곳까지 자신의 정신적·육체적 구조를 탐구하도록 할 것입니다. 우리는 경험으로 자신의 몸과 마음의 본성을 알아야만 합니다. 그럴 때에만 정신과 물질 너머에 있다고 하는 어떤 것이든 경험할 수 있게 됩니다. 그러므로 이 수행법은 '자신'이라고 부르는 것의 실상을 탐구하면서 자신을 깨닫고 진리를 깨닫는 방법이라고 할 수 있습니다. 결국 신은 진리이고 사랑이며 순수이기 때문에, 이것은 신을 알게 되는 방법이라고 부를 수도 있습니다.

실제를 직접 경험하는 것이 가장 중요한데, "너 자신을 알라"는 것도 정신과 육체의 피상적이고 표면적인 거친 본질에서부터, 더 미세한 본질, 가장 미세한 본질에 이르기까지 모두 알아야 한다는 것입니다. 이 모든 것을 경험하고 나서야 정신과 물질 너머에 있는 궁극적 실제를 경험하도록 나아갈 수 있습니다.

호흡은 이 여행을 시작하기에 적합한 시작점입니다. 자신이 만들어낸 낱말이나 형상과 같은 상상의 대상에 주의를 집중하면, 더 강한 상상, 더 큰 환상의 방향으로 여러분을 이끌어갑니다. 그렇게 하는 것은 자신에 대한 미세한 진리들을 탐구하는 데 도움이 되지 않습니다. 보다 미세한 진리를 꿰뚫기 위해선 호흡과 같이 분명하고 뚜렷한 실제와 함께 시작해야 합니다. 만약에 낱말이나 신의 형상을 사용한다면, 그 수행법은 종파적인 것이 될 것입니다. 낱말이나 형상은 어떤 특정 문화나 종교 같은 것과 동일시될 것이고, 그렇게 되면 그와 다른 배경을 가진 사람들은 그것을 받아들이기 어렵게 됩니다. 고통은 보편적 질병입니다. 이 병의 치료방법은 보편적이어야 하지 종파적인 것이 될 수 없습니다. 호흡을 알아차리는 것은 이러한 요건을 충족시킵니다. 호흡은 모두에게 공통적인 것이기 때문에 호흡을 관찰하는 것은 누구나 받아들일 수 있습니다. 이 수행의 길에서 모든 발걸음은 종파주의로부터 완전히 자유로워야 합니다.

호흡은 자기 자신에 대한 진리를 탐구하기 위한 도구입니다. 여러분은 사실 경험의 단계에서는 자신의 몸에 대해 아주 조금밖에 모릅니다. 몸의 겉모양, 각 부분들 그리고 의식적으로 조절할 수 있는 몸의 기능만 알고 있습니다. 여러분의 통제를 벗어나서 작동하는 내부 기관과 몸 전체를 구성하며 매 순간 변화하는 세포들에 대해서는 전혀 알지 못합니다. 무수한 생화학 반응, 전자기 반응들이 온몸에서 항상 일어나고 있지만, 여러분은 그에 대해 알지 못합니다.

이 수행의 길을 걸어가면 자신에 대해 알지 못했던 것들을 알게 됩니다. 이런 의미에서 호흡은 도움이 됩니다. 호흡은 알고 있는 것에서 알고 있지 못하는 것으로 건너가는 다리 역할을 합니다. 왜냐하면 호흡은 의식적일 수도 있고 무의식적일 수도 있으며, 의도적일 수도 있고 자동적일 수도 있는 하나의 육체적 기능이기 때문입니다.

수행을 하다 보면 의식적이며 의도적인 호흡으로 시작해서 자연적이며 일반적인 호흡을 알아차리게 되는데, 거기서부터 여러분은 자신에 대한 보다 미세한 진리로 나아가게 됩니다. 모든 발걸음은 실제와 함께하는 걸음입니다. 여러분은 매일 자신의 몸과 마음에 대한 보다 미세한 본질을 발견하기 위해 더 깊이 꿰뚫어봅니다.

오늘 여러분은 육체적 기능인 호흡만 관찰하도록 가르침을 받았지만, 그와 동시에 자신의 마음도 관찰했습니다. 왜냐하면 호흡은 본질적으로 마음 상태와 강력하게 연결되어 있기 때문입니다. 어떤 불순함이나 번뇌가 마음에 떠오르자마자, 호흡은 비정상적으로 됩니다. 약간 빨라지고 거칠어집니다. 번뇌가 사라지면 호흡은 다시 차분해집니다. 이렇게 호흡은 몸뿐만 아니라 마음의 본질을 탐구하는 데도 도움이 됩니다.

오늘 여러분이 경험한 마음에 관한 사실 하나는, 이 마음은 하나의 대상에 머물지 못하고 항상 다른 대상으로 떠도는 습관이 있다는 것입니다. 마음은 호흡이나 어떤 단일 대상에 머무르고 싶어 하지 않습니다. 그 대신 마음은 제멋대로 돌아다닙니다.

마음이 정처 없이 방황할 때 그 마음은 어디로 갈까

요? 수행을 통해 여러분은 마음이 과거 아니면 미래에서 헤매고 있음을 보았습니다. 이것이 마음의 습성입니다. 마음은 현재 이 순간에 머무르기를 원하지 않습니다. 사실 우리는 현재를 살아야 합니다. 과거는 어떤 것도 되돌릴 수 없고, 미래는 현재가 될 때까지 어떻게 할 수 있는 것이 아닙니다. 과거를 기억하고 미래를 생각하는 것은 그렇게 하는 것이 오직 현재를 다루는 데 도움이 되는 한에서 중요합니다. 그렇지만 고질적인 습성 때문에 마음은 도달할 수 없는 과거나 미래로 가려고 끊임없이 현실에서 도망 다닙니다. 그래서 이 거친 마음은 안절부절못하고 고통스럽게 됩니다. 여러분이 여기서 배우고 있는 이 수행법은 삶의 기술이라 부릅니다. 그래서 현재의 삶을 살 수밖에 없는 것입니다. 그렇기 때문에 수행의 첫 걸음은 지금 이 순간 코로 들어오고 나가는 호흡을 통해 현재에 마음을 고정함으로써, 이 순간에 사는 방법을 배우는 것입니다. 표면적이긴 해도 이것이 이 순간의 실제입니다. 마음이 방황하면 어떻게든 긴장하지 말고 웃으면서 오래된 습성 때문에 마음이 헤매고 있다는 사실을 받아들이십시오. 마음이 헤매고 있음을 알아차리자마자, 마음은 자연스럽게 호흡을 알아차리게 됩니다.

여러분은 마음이 과거 아니면 미래에 대한 생각에 빠지는 성향을 쉽게 알아차렸습니다. 그런데 이런 생각들은 어떤 종류의 생각입니까? 오늘 여러분은 생각들이 앞뒤 어떤 순서도 없이 떠오르는 것을 몇 번씩 경험했을 겁니다. 이런 상태는 제정신이 아닐 때 나타나는 증상입니다. 그런데 이제 여러분 모두는 자신이 무지와 환상, 망상에 빠져 똑같이 제정신이 아니라는 것, 즉 모하moha라는 것을 알았습니다. 생각에 순서가 있을 때조차도 유쾌하거나 불쾌한 어떤 것을 대상으로 삼습니다. 만일 대상이 유쾌한 것이면 좋아함으로 반응하기 시작하며, 그것은 갈망과 집착인 라가rāga로 발전해 갑니다. 만일 대상이 불쾌한 것이면, 생각은 싫어함으로 반응하기 시작하며, 그것은 혐오와 미움인 도사dosa로 발전해 갑니다. 마음은 항상 무지, 갈망, 혐오로 덮여있습니다. 다른 모든 번뇌는 이 세 가지 근본적인 것에서 나오며, 모든 번뇌는 자신을 고통스럽게 합니다.

이 수행법의 목적은 내면의 부정성들을 점차적으로 제거함으로써 고통으로부터 자유로워지기 위해 마음을 정화하는 것입니다. 이 수행법은 무의식의 단계까지 째고 내려가 거기에 숨어있는 콤플렉스들을 드러내어 제거하기 위해 행하는 수술입니다. 수행의 첫 단계부터 마음을 정화해야 합니다. 이것은 호흡을 관찰함으로써 가능합니다. 이를 통해 여러분은 마음을 집중하는 것뿐만 아니라 정화하는 것도 시작했습니다. 아마도 오늘 하루 마음이 호흡에 완전히 집중한 순간이 몇 번 있었을 텐데, 그러한 순간들은 마음의 습성을 바꾸는 데 매우 강력한 힘을 발휘합니다. 여러분은 어떤 착각도 없이, 코로 들어오고 나가는 호흡을, 현재의 실제를 알아차립니다. 그리고 숨을 더 쉬려고 갈망하거나 숨 쉬는 것을 혐오하지도 않습니다. 여러분은 반응하지 않고 단지 관찰합니다. 이 순간 마음은 세 가지 근본이 되는 번뇌로부터 자유로워집니다. 이 말은 마음이 깨끗해진다는 뜻입니다. 의식에서 이렇게 순수한 순간은 무의식에 축적된 오래 묵은 불순물에 강한 영향을 끼칩니다. 이런 긍정적 힘과 부정적 힘의 접촉은 폭발을 일으킵니다. 그렇게 되면 무의식 속에 숨어있던 어떤 불순물들이 의식 차원으로 떠올라서는 다양한 정신적·육체적 불편함으로 나타납니다.

이런 상황에 처하면 마음이 동요되어서 어려움을 더 늘릴 위험이 있습니다. 그렇지만 문제로 보이는 것이 실제로는 수행에 있어서 성공의 표시이며, 수행법을 제대로 행하고 있다는 것을 나타내는 것이라고 이해하는 것이 지혜롭습니다. 무의식으로 째고 들어가는 수술은 시작되었고, 거기에 곪아있던 고름이 상처를 통해 빠져나오기 시작했습니다. 이 과정이 불쾌할지라도 이것은 고름을 빼내고 불순물을 제거하기 위한 유일한 방법입니다. 만일 여러분이 올바르게 수행을 계속한다면, 이 모든 어려움은 차차 줄어들 것입니다. 내일은 좀 더 쉬워지고 다음 날은 더 그렇게 될 것입니다. 수행을 하면 이 모든 문제는 조금씩 사라질 것입니다. 누구도 여러분을 대신해 수행할 수 없습니다. 여러분 스스로 해야 합니다. 자기 내면의 실상을 탐구해서 스스로 해탈해야 합니다.

수행법에 대한 몇 가지 조언

명상시간은 항상 실내에서 가지십시오. 빛이나 바람을 바로 접촉하는 실외에서 명상을 한다면 마음 깊은 곳까지 꿰뚫고 내려갈 수가 없습니다. 휴식시간에는 밖으로 나가도 좋습니다.

여러분은 코스에서의 제한구역 안에 머물러야 합니다.

여러분은 지금 마음을 수술하고 있는 중이니, 수술실 안에 있어야 합니다.

어떤 어려움을 겪게 되더라도, 이 코스 전체 기간 동안 남아있겠다고 결심하십시오. 수술 중에 어떤 문제가 발생하면 이 강한 결의를 기억하십시오. 코스 도중에 떠나는 것은 해로울 수 있습니다.

마찬가지로 모든 규율과 규칙을 지키겠다고 굳게 결심하십시오. 그중 가장 중요한 것은 묵언의 규율입니다. 또한 시간표를 준수하고, 특히 매일 3회 한 시간씩의 단체 명상시간에는 명상홀 안에 있겠다고 결심하십시오. 과식을 하거나 졸음에 압도당하거나 불필요한 대화의 위험을 피하십시오.

배운 대로 수행하십시오. 이번 코스 동안은 다른 곳에서 읽거나 배웠던 것들을 비난하지 말고 잠시 제쳐두십시오. 수행법들을 뒤섞는 것은 아주 위험합니다. 분명하게 이해되지 않는 점이 있다면 지도 선생님을 만나 명확히 하십시오. 그리고 공정하게 이 수행법을 시도해 보십시오. 그렇게 하면 훌륭한 결과를 얻게 될 것입니다.

갈망과 혐오와 망상의 속박으로부터 해탈할 수 있도록, 참된 평화, 참된 조화, 참된 행복을 누릴 수 있도록 이 시간, 이 기회, 이 수행법을 최대한 활용하십시오.

여러분 모두 참된 행복을 누리기를.

모든 존재가 행복하기를!

둘째 날 강의

죄와 성스러움에 대한 보편적 정의

여덟 가지 성스런 길에서 실라sīla와 사마디samādhi란

둘째 날이 끝났습니다. 첫째 날보다는 조금 나아지기는 했지만 아직 어렵기는 마찬가지입니다. 마음은 마을에 들어와 난동을 부리는 야생 들소나 코끼리처럼 안절부절 못하고 흥분해서 날뛰는 것 같습니다. 어떤 현명한 사람이 야생 동물을 잘 길들여 조련한다면, 파괴적으로 쓰였던 그 모든 힘은 이제 건설적인 방법으로 사회에 봉사하기 시작할 것입니다. 이처럼 야생 코끼리보다 훨씬 강력하고 위험한 이 마음도 길들이고 훈련시켜야 합니다. 그

렇게 되면 마음의 엄청난 힘은 여러분을 돕기 시작할 것입니다. 매우 참을성 있게 지속적으로 계속해서 정진해야 합니다. 지속적인 수행이 성공의 비결입니다.

그것은 여러분이 해야 하는 일이지, 그 어느 누구도 대신해 줄 수 없습니다. 깨달음을 성취한 어떤 분은 가득한 사랑과 연민으로 수행의 길을 보여주지만, 어느 누구도 여러분을 어깨 위에 태워서 최종 목표까지 데려갈 수는 없습니다. 여러분 스스로 걸어 나가야 하며, 자신과의 전쟁을 치러야 하고, 자신을 구원해 내야 합니다. 물론 여러분이 수행을 시작하면 담마Dhamma의 모든 힘으로부터 도움을 받게 됩니다만, 그래도 스스로 해야 합니다. 이 길은 처음부터 끝까지 자신의 발로 걸어가야만 합니다.

여러분이 걷기 시작한 이 길이 어떤 길인지 이해하십시오. 붓다는 아주 간결한 말로 이 길을 다음과 같이 표현했습니다.

> 죄받을 불건전한 모든 행동을 삼가고,
> 경건하고 건전한 행동을 하며,
> 마음을 정화하라.
> 이것이 깨달은 분들의 가르침이다.

이 길은 인종과 국가를 막론하고 어떠한 배경을 가졌든지 간에 모든 사람이 받아들일 수 있는 보편적인 길입니다. 그러나 문제는 죄나 성스러움에 대한 정의를 내리는 데서 발생합니다. 담마가 그 본질을 상실하여 하나의 종파가 되어버리면, 각각의 종파는 독특한 외관을 갖추거나 어떤 의식을 행하고 어떤 믿음을 받아들임으로써 성스러움에 대해 다른 정의를 내립니다. 이러한 것들은 어떤 사람들은 받아들일 수 있으나 그 외 다른 사람들은 받아들일 수 없는 종파적 정의입니다. 그렇지만 담마는 죄와 성스러움에 대해 보편적 정의를 내립니다. 어떤 행동이든지 타인의 평화와 조화를 방해하고 타인을 해치는 행동은 죄받을 불건전한 행동입니다. 그러나 타인의 평화와 조화에 기여하고 타인을 돕는 행위는 성스럽고 건전한 행동입니다. 이것은 어떤 교리에 따른 정의가 아니라 자연의 법칙에 따른 정의입니다. 자연의 법칙에 의하면, 먼저 자신의 마음속에 성냄이나 두려움, 증오 등의 부정성을 일으키지 않고서는 타인에게 해를 끼치는 행동을 할 수가 없습니다. 이렇게 마음을 더럽힐 때마다 괴롭게 되고 내면에서 지옥 같은 고통을 겪게 됩니다. 마찬가지로 먼저 사랑과 연민, 선의지를 일으키지 않고서는 타인을 돕는 행동을 할 수가 없습니다. 이러한 순수한 정신적 자질을 계발하기 시작하면, 동시에 여러분은 천상의 평화를 누리기 시작할 것입니다. 여러분이 다른 사람을 도우면 동시에 자신까지도 돕는 것이며, 여러분이 다른 사람을 해치면 동시에 자신까지도 해치는 것입니다. 이것이 담마이고, 진리이며, 자연의 보편적 법칙입니다.

이 담마의 길은 여덟 가지 성스런 길(팔정도)이라고 합니다. 그 길을 걸어가는 사람은 그 누구라도 고귀한 마음을 지닌 성스런 사람이 될 것이 분명하다는 의미에서 '성스런'이라는 표현을 합니다. 이 여덟 가지 성스런 길은 세 부분 즉, 실라sīla, 사마디samādhi 그리고 빤냐paññā로 나뉩니다. 실라는 도덕으로, 말로든 몸으로든 불건전한 행위를 삼가는 것입니다. 사마디는 마음의 통제력을 계발하는 건전한 행위입니다. 이 두 가지를 수행하는 것은 도움이 되지만, 실라와 사마디만으로는 마음에 쌓인 모든 더러움을 제거할 수는 없습니다. 이를 위해서는 마음을 완전히 정화하는 지혜의 계발, 통찰의 계발을 뜻하는 여덟 가지 성스런 길의 세 번째 부분인 빤냐를 수행해야만 합니다. 여덟 가지 성스런 길에서 세 가지가 실라에 해당하는데,

(1) **삼마-와짜**sammā-vācā

올바른 말, 청정한 언어행위입니다. 어떻게 하는 것이 말을 맑고 깨끗하게 하는 것인지 이해하기 위해서는 먼저 어떻게 하는 것이 말을 더럽게 하는 것인지를 알아야 합니다. 남을 속이는 거짓말·남에게 상처를 주는 거친 말·뒤에서 남을 헐뜯는 말·이간질하는 말·쓸데없는 말은 모두 더러운 언어행위입니다. 이런 말들을 삼가면, 올바른 말만 남게 됩니다.

(2) **삼마-깜만타**sammā-kammanta

올바른 행동, 청정한 육체행위입니다. 담마의 길에서 육체행위이든 언어행위이든 정신행위이든, 이것이 깨끗한지 아닌지를 판단하는 유일한 잣대는 그것이 남을 돕는 행위인가 아니면 남을 해치는 행위인가 하는 것입니다. 예를 들어, 살생을 하고, 도둑질하고, 강간이나 간통을 하는 행위, 그리고 술에 취해 자신이 무슨 행동을 하고 있는지 알지 못하는 것은 남뿐만 아니라 자신도 해치는 행위입니다. 이러한 더러운 육체행위 외에는 올바른 행위입니다.

(3) **삼마-아지와**samma-ājīva

올바른 생계입니다. 누구든지 자신과 부양가족을 위해 어떤 생계수단을 가집니다. 그러나 그 생계수단이 남들에게 해로운 것이라면, 그것은 올바른 생계가 아닙니다. 아마도 생계로 자신이 직접 나쁜 행위를 하지 않더라도 다른 사람이 그렇게 하도록 부추긴다면, 그것은 올바른 생계를 실천하는 것이 아닙니다. 예를 들어, 술 판매, 도박장 운영, 무기 거래, 살아있는 동물이나 동물의 고기 판매는 올바른 생계가 아닙니다. 설령 최고의 직업을 가졌다 해도 그 동기가 다른 사람들을 착취하는 것이라면, 그것은 올바른 생계를 실천하는 것이 아닙니다. 동기가 사회의 일원으로서의 자신의 역할을 수행하고, 자신의 기술과 노력으로 공익을 위해 기여하며, 그 대가로 보수를 받아 자신과 부양가족의 생활을 영위하는 것이라면, 이런 동기를 지닌 사람은 올바른 생계를 실천하는 것입니다.

재가자는 생활하기 위한 돈이 필요합니다. 그렇지만 돈을 버는 것이 자만심을 키우는 수단이 되는 경우는 위험합니다. 그것은 자신은 가능한 한 많이 끌어모으려 하고, 적게 버는 사람을 얕보는 태도죠. 이런 태도는 다른 사람에게 해를 입히고 자신에게도 해를 끼칩니다. 에고가 강해질수록 해탈로부터는 그만큼 멀어져 버리기 때문입니다. 그러므로 올바른 생계의 필수적인 한 측면은 자신이 번 것의 일부를 다른 사람과 나누는 기부를 하는 것입니다. 이때는 자신의 이익뿐만 아니라 다른 이들의 이익을 위해서도 돈을 버는 것이 되는 것입니다.

만일 담마가 남들에게 해를 입히는 행위를 하지 말라는 경고뿐이라면, 거기에는 어떤 효과도 없을 것입니다. 사람들은 머리로 악행의 위험과 선행의 유익함을 이해할 수도 있고, 가르침을 펼치는 사람들에 대한 믿음 때문에 실라의 중요성을 받아들일 수도 있을 것입니다. 그럼에도 사람들은 그릇된 행동을 계속합니다. 자신의 마음을 다스릴 수 없기 때문입니다. 그래서 담마의 두 번째 부분인 마음의 통제력을 계발하는 사마디를 닦아야 하는데, 사마디 역시 여덟 가지 성스런 길의 또 다른 세 부분에 해당합니다.

(4) 삼마-와야마 sammā-vāyāma

올바른 노력, 올바른 훈련입니다. 여러분은 이제까지의

수행을 통해서 마음이 얼마나 약하고 불안정한지, 하나의 대상에서 또 다른 대상으로 끊임없이 흔들리는 것을 보았습니다. 이러한 마음을 강화하기 위해서는 훈련이 필요합니다. 마음을 단련하는 데는 네 종류의 훈련이 있습니다. 이미 지니고 있는 나쁜 성품은 제거하고, 아직 없는 나쁜 성품은 일어나지 않도록 차단하며, 마음속에 있는 좋은 성품은 보존하고 증가시키고, 아직 없는 좋은 성품은 마음을 열어 받아들이는 것입니다. 여러분은 호흡을 알아차리는 아나빠나ānāpāna 수행을 통해 간접적으로 이러한 훈련을 하기 시작했습니다.

(5) **삼마-사띠**sammā-sati

올바른 알아차림, 현재 순간의 실제를 알아차리는 것입니다. 과거는 기억만 할 수 있고, 미래는 기대나 걱정, 상상을 할 수 있을 뿐입니다. 여러분은 콧구멍이라는 제한된 영역 안에서 지금 이 순간에 나타나는 실제를 알아차림으로써 삼마-사띠 수행을 시작했습니다. 여러분은 가장 거친 차원에서 가장 미세한 차원까지 모든 실제를 알아차리는 능력을 길러야 합니다. 처음에 여러분은 의식적이고 의도적인 호흡으로 시작하여, 차차 자연스럽고 부드러운 호흡으로, 그리곤 호흡의 접촉으로 주의를 기울였습니다. 이제 여러분은 이 제한된 범위 안에서 보다 미세하며 자연적이고 육체적인 감각들을 관찰의 대상으로 삼을 것입니다. 여러분은 숨이 들어올 때 약간 차갑고, 몸 밖으로 나갈 때 약간 따뜻한 호흡의 온도를 느끼게 될 것입니다. 그뿐만 아니라 거기엔 호흡과 관계없는 열기와 냉기, 가려움, 맥박, 진동, 압력, 긴장, 통증 등등의 무수한 감각이 있는데, 어떤 감각을 느낄 것인지 여러분은 선택할 수 없습니다. 감각은 만들어낼 수 없기 때문입니다. 그러니 그냥 관찰하기만 하십시오. 그저 알아차립니다. 감각의 명칭은 중요하지 않습니다. 중요한 것은 반응하지 않고, 감각의 실제를 알아차리는 것입니다.

여러분이 보았다시피 마음의 습관은 과거나 미래로 돌아다니며, 갈망과 혐오를 만들어내는 것입니다. 올바른 알아차림을 수행함으로써 여러분은 이 습관을 부수기 시작했습니다. 물론 이 수행 코스가 끝났다고 해서 과거를 완전히 잊어버리거나 미래에 대한 생각이 전혀 안 일어나는 것은 아닙니다. 사실 지난날 여러분은 마음이 과거나 미래로 쓸데없이 전전하면서 많은 에너지를 소모했기에, 정작 어떤 것을 기억하거나 무언가를 계획할 필요가 있을 때에는 그렇게 할 수가 없었습니다. 삼마-사띠를 계발함으로써 여러분은 지금 이 순간의 실제에 더욱 확고하게 마음을 고정하는 것을 배우게 될 것이고, 필요에 따라 쉽게 과거를 회상하고 미래에 대해선 적절한 준비를 할 수 있게 될 것입니다. 행복하고 건강한 삶을 영위할 것입니다.

(6) 삼마-사마디 samma-samādhi

올바른 집중입니다. 단순한 집중은 이 명상법의 목표가 아닙니다. 여러분이 키우는 집중의 바탕은 청정해야 합니다. 갈망과 혐오와 환상이 있어도 마음을 집중할 수 있겠지만, 이것은 삼마-사마디가 아닙니다. 갈망이나 혐오감 없이 자신 안에 나타나는 지금 이 순간의 실제를 알아차려야 합니다. 매 순간마다 지속적으로 이 알아차림을 유지하는 것, 이것이 올바른 집중입니다.

다섯 가지 계율를 철저히 지킴으로써 여러분은 실라를 실천하기 시작했습니다. 또 갈망이나 혐오감 없이 지금 이 순간에 있는 그대로의 대상인 그 한 지점에 마음을 집중하는 훈련을 통해 사마디를 계발하기 시작했습니다.

이제 여러분의 마음을 예리하게 하기 위해 근면하게 수행하십시오. 빤냐를 수행할 때, 의식까지 꿰뚫고 내려가서 거기에 숨어있는 모든 불순물을 제거하여 진정한 행복, 해탈의 행복을 누릴 수 있도록 말입니다.

여러분에게 참된 행복이 있기를.

모든 존재가 행복하기를!

셋째 날 강의

여덟 가지 성스런 길에서 빤냐paññā란

들어서 얻은 지혜, 지적인 이해로 얻은 지혜, 경험으로 얻은 지혜

깔라빠Kalāpa—4대 원소

존재의 세 가지 특징—아닛짜anicca, 아낫따anattā, 둑카dukkha

표면적 실제를 꿰뚫음

셋째 날이 지났습니다. 내일 오후 여러분은 여덟 가지 성스런 길의 세 번째 부분인 지혜의 장, 빤냐paññā의 장에 들어서게 됩니다. 지혜가 없다면 이 길은 완성되지 않습니다.

이 수행은 타인에게 해를 끼치는 것을 삼가는 실라sīla를 지키면서 시작합니다. 그러나 다른 사람들을 해치지 않더라도 마음에 더러운 것들을 일으킴으로써 자기 자신을 해롭게 합니다. 그래서 이미 떠오른 더러운 것들을 가라앉히기 위해 마음 다스리는 법인 사마디samādhi를 수행하는 것입니다. 그러나 가라앉힌다고 해서 더러운 것들이 사라지는 것은 아닙니다. 그것들은 무의식에 남아서 자신을 계속해서 해치면서 증식합니다. 그러므로 더러움을 내버려두거나 가라앉히는 것이 아니라, 대신 그것들이 일어나서 제거되도록 담마의 세 번째 단계인 빤냐를 수행합니다. 더러운 것들이 제거되면 마음은 티 없이 맑아집니다. 마음이 정화되면 애쓰지 않아도 다른 이들을 해치는 행위를 삼가게 됩니다. 본래 순수한 마음은 타인을 향한 선의와 자비로 가득 차있기 때문입니다. 마찬가지로 애쓰지 않고도 자신을 해치는 행위를 하지 않습니다. 건강하고 행복한 삶을 삽니다. 이와 같이 이 길에서의 각 단계는 그다음 단계로 이끌어가야 합니다. 실라는 올바른 집중인 사마디의 계발로 이끌고, 사마디는 마음을 정화하는 지혜인 빤냐의 계발로 이끌며, 빤냐는 모든 불순물로부터 자유로워지는 완전한 깨달음인 닙바나nibbāna로 이끌어갑니다.

여덟 가지 성스런 길에서 다음의 두 가지가 빤냐에 해당됩니다.

(7) **삼마-상까파**sammā-saṅkappa

올바른 생각입니다. 지혜 계발을 시작하기 전에 모든 생각이 멈출 필요는 없습니다. 생각이 남아있지만 생각의 유형은 바뀝니다. 마음의 바깥층에 있는 불순물들은 호흡을 알아차리는 수행을 함으로서 사라지기 시작합니다. 갈망과 혐오, 망상으로 얼룩진 생각들 대신, 담마Dhamma에 관한, 자신을 해탈시키는 방법에 관한 건전한 생각들을 하기 시작합니다.

(8) **삼마-딧티**sammā-diṭṭhi

올바른 이해입니다. 이것이 참된 빤냐입니다. 보이는 대로가 아니라, 실제를 있는 그대로 이해하는 것입니다. 빤냐의 계발에는 세 단계가 있습니다. 첫째는 수따-마야 빤냐suta-mayā paññā, 즉 다른 사람의 이야기를 듣거나 읽어서 얻은 지혜입니다. 이렇게 얻은 지혜는 올바른 방향을 찾는 데 매우 유익합니다. 그러나 이것만으로는 해탈할 수 없습니다. 이것은 빌려온 지혜이기 때문입니다. 믿지 않으면 지옥에 떨어질 거라는 맹목적인 믿음이나 두려움에서 기인한 혐오감 때문에 또는 믿으면 천당 간다는 갈망 때문에 받아들이지만, 어떤 경우이든 이것은 자신의 지혜가 아닙니다.

들어서 얻은 지혜의 기능은 다음 단계인 찐따-마야 빤냐cintā-mayā paññā, 즉 지적인 이해로 이끌어가야 합니다. 들었거나 읽었던 것이 이성적으로 검토해서 논리적이고 실용적이며 유익하다면 받아들입니다. 이러한 지적인 이해도 중요하지만, 그 자체로 끝이라고 여긴다면 매우 위험할 수 있습니다. 지적인 지식만 쌓았기 때문에 자신이 현명한 사람이라고 확신한다면, 그가 배운 모든 지식은 자만심을 확장시킬 뿐 해탈로부터 멀리 떨어져 있습니다.

지적인 이해의 바른 기능은 다음 단계인 바와나-마야 빤냐bhāvanā-mayā paññā로 이끌어갑니다. 이것은 경험을 통해 스스로 계발한 지혜로, 이것이 참된 지혜입니다. 들어서 얻은 지혜와 지적인 이해가 다음 단계로 가기 위한 영감과 안내를 준다면 매우 유익한 것입니다. 경험적 지혜에 의해서만 해탈을 할 수 있습니다. 이것은 자신의 경험에 근거한 지혜이기 때문입니다.

세 종류의 지혜에 대해 하나의 예를 들어보겠습니다. 의사가 환자에게 처방전을 써주었습니다. 환자는 집으로 돌아가서 그 의사에 대한 대단한 믿음으로 매일같이 처방전을 암송했습니다. 이것이 들어서 얻은 지혜suta-mayā paññā입니다. 그러나 그 환자는 그것에 만족하지 않고 의사에게 되돌아가서 이 약이 왜 필요한지 그것은 어떤 작용을 하는지, 처방전에 대한 설명을 요구합니다. 이것이 지적인 지혜cintā-mayā paññā입니다. 마침내 그 환자가 약을 먹는데, 그렇게 해야만 병이 치유됩니다. 이런 효과는 오직 세 번째 단계, 경험적인 지혜bhāvanā-mayā paññā를 통해서만 나타납니다.

여러분은 스스로 약을 먹기 위해, 자신의 지혜를 계발하기 위해 이 코스에 참가했습니다. 그렇게 하기 위해 여러분은 경험으로 진리를 이해해야 합니다. 사물이 드러나는 방식이 그 참된 본성과 전혀 다르기 때문에 상당한 혼란이 일어납니다. 이러한 혼란을 제거하기 위해 여러분은 경험적 지혜를 계발해야 합니다. 그런데 몸 틀 밖에서는 진리를 지적으로 이해할 수 있을 뿐, 경험할 수는 없습니다. 그렇기 때문에 여러분은 모든 착각과 속박으로부터 벗어날 수 있도록 가장 거친 차원에서 미세한 차원까지 진리를 스스로 경험할 수 있는 능력을 키워야 합니다.

우주 전체가 항상 변화하는 것은 누구나 알지만, 이 사실을 지적으로만 이해하는 것은 자신의 지혜를 계발하는 데에 그다지 도움이 되지 않습니다. 스스로 경험해야 합니다. 가깝거나 사랑하는 사람의 죽음과 같이 정신적인 충격을 받는 사건은 무상함이라고 하는 힘든 사실과 직면하여 지혜를 계발하는 계기가 됩니다. 그래서 재물을 쫓아 허덕이는 것과 다른 이들과 말다툼하는 것의 헛됨을 알게 됩니다. 그러나 얼마 지나지도 않아 이기주의의 오랜 습관이 다시 고개를 쳐들고 지혜는 사그라집니다. 그것은 자신이 직접 겪어서 얻은 지혜가 아니기 때문입니다. 무상의 진리를 내면에서 직접 경험하지 않았기 때문입니다.

모든 것은 덧없고 매 순간 일어났다 사라지는 무상, 즉 아닛짜anicca입니다. 그러나 그 과정이 너무도 빠르고 연속적으로 일어나기 때문에 영원한 것처럼 착각을 일으킵니다. 초의 불꽃과 전깃불의 빛도 끊임없이 변화하고 있습니다. 촛불의 경우에서처럼 변화의 과정을 감지할 수 있다면 착각으로부터 벗어날 수 있겠지만, 전깃불의 경우처럼 그 변화가 연속적이고 매우 빨라서 감지할 수 없다면 착각에서 벗어나기는 어려울 것입니다. 흐르는 강물이 끊임없이 변화하는 것은 쉽게 알 수 있지만, 그 강에서 목욕을 하고 있는 사람 자신 또한 매 순간 변화하고 있다는 것은 어떻게 이해할 수 있겠습니까?

착각을 깨는 유일한 방법은 내면을 탐구하는 법을 배워서 자신의 육체적·정신적 틀 안에서 실상을 경험하는 것입니다. 이것이 싯다르타 고타마가 붓다가 되기 위해 행했던 것입니다. 그는 모든 선입견을 버리고 정신적·육체적 구조의 참된 본성을 발견하기 위해 자기 자신을 성찰했습니다. 그는 표면적으로 드러난 차원에서부터 가장 미세한 차원까지 통찰하여 육체구조 전체가, 물질세계 전체가 아원자입자들, 즉 앗타 깔라빠aṭṭha kalāpā로 이루어져 있다는 것을 발견했고, 각각의 입자가 지地·수水·화火·풍風의 4대 원소와 그것들의 보조 성질로 구성되어 있다는 것을 발견했습니다. 붓다가 발견한 이 아원자 입자들은 물질의 기초적 재료이고, 그것들은 스스로 항상 수억 분의 일초라는 아주 빠른 속도로 생성하고 소멸합니다. 즉 물질세계에는 사실 고체라 불리는 것은 없으며, 그것은 단지 연소와 진동에 불과하다는 것입니다. 현대 과학자들은 붓다의 발견을 확인했고, 물질세계 전체는 빠르게 생멸하는 아원자입자들만으로 구성되어 있다는 것을 실험을 통해 증명했습니다. 그러나 이들 과학자들은 모든 괴로움으로부터 벗어나지는 못했습니다. 그들이 행한 것은 지적 작업에 불과했으며, 따라서 붓다와 달리 그들은 자기 자신 안에서 진리를 직접적으로 경험하지 못했기 때문입니다. 여러분은 무상을 직접 체험했을 때, 그때 비로소 고통으로부터 벗어나기 시작합니다.

자신 안에서 아닛짜의 이해가 깊어짐에 따라 지혜의 다른 양상인 무아, 즉 아낫따anattā의 지혜가 생기합니다. 무아는 '영원불변의 실체적 나'도 '나의 것'도 없다는 것입니다. 신체적·정신적 구조에서 한순간보다 더 머무르는 것은 없으며, 영원불변의 자아나 영혼과 동일시할 것이 없습니다. 어떤 것이 나의 것이라면 여러분은 그것을 소유할 수 있고 지배할 수 있을 것입니다. 그러나 사실 그러한 것은 없습니다. 우리는 우리의 신체조차도 통제할 수 없습니다. 신체는 우리의 바람과 무관하게 변화하고 쇠퇴해 갑니다.

무아의 지혜가 계발됨에 따라 지혜의 또 다른 양상이 생기합니다. 이것은 괴로움, 즉 둑카dukkha입니다. 만일 여러분이 자신의 통제 너머 변화하는 그 무엇인가를 소유하거나 잡으려고 한다면, 스스로를 고통스럽게 만들 것임이 분명합니다. 보통 불쾌한 감각과 고통을 동일시합니다. 그러나 만일 여러분이 유쾌한 감각을 동반하는 경험에 집착한다면, 그 유쾌한 감각도 똑같이 고통의 원인이 될 수 있습니다. 유쾌한 감각도 변화하기 때문입니다. 변화하기 쉬운 것을 향한 집착은 확실히 고통으로 끝납니다.

아닛짜, 아낫따, 둑카의 이해가 체험과 함께 깊어지면, 일상적 생활에서 그 지혜는 분명하게 나타납니다. 여러분이 자신 안에서 표면적 실제 너머를 통찰할 수 있는 방법을 배웠던 것처럼, 외부세계에 대해서도 표면적 진실뿐만 아니라 궁극적 진리를 볼 수 있게 됩니다. 이때 착각에서 벗어나 행복하고 건강한 삶을 살 수 있게 됩니다. 뭉치고 통합된 표면적인 실제 때문에 많은 착각이 만들어집니다. 예를 들면, 육체적 아름다움에 대한 착각이 있습니다. 신체는 통합되어 있을 때에만 아름답게 보입니다. 몸의 한 부분을 분리해서 본다면, 매력도 아름다움도 없습니다. 육체의 아름다움은 표면의 보이는 실제이지 궁극의 진리는 아닙니다.

그런데 육체적 아름다움에 대한 착각을 이해하는 것은 타인에게 해를 끼치는 것이 아닙니다. 지혜가 생김에 따라 마음은 자연스럽게 조화를 유지하며, 초연해지고, 순수해지며, 모든 것을 향한 좋은 바람으로 가득 차게 됩니다. 여러분은 자신 안에서 실제를 경험한 후에야 착각과 갈망과 혐오로부터 벗어날 수 있습니다. 그래서 평화롭고 행복한 나날을 보낼 수 있게 됩니다.

내일 오후 여러분은 위빳사나 수행을 시작합니다. 지혜의 영역에 첫발을 내딛게 됩니다. 위빳사나 수행을 시작하자마자 신체 안에서 아원자입자들이 일어나고 사라지는 것을 경험하리라고 기대하지는 마십시오. 처음에는 거친 진실부터 체험할 것입니다. 평정심을 유지하면서 조금씩 미세한 진실을 체험할 것입니다. 그리고 마침내 정신과 물질 너머의 궁극적 진리, 물질적·정신적 요소들에 대한 궁극적 진실을 보게 될 것입니다.

이 목표를 얻기 위해 여러분은 스스로 자신의 발로 걸으십시오. 수행의 토대인 계율을 확고하게 지키십시오. 아나빠나ānāpāna 수행을 내일 오후 3시까지 하십시오. 콧구멍의 영역 안에 나타나는 실제를 계속 관찰하십시오. 여러분의 마음을 예리하게 만드십시오. 위빳사나 수행을 시작했을 때 보다 깊은 차원까지 꿰뚫고 내면에 감추어진 불순물을 제거할 수 있도록, 여러분 자신과 자신의 해탈을 위해 인내력 있게, 성실하게, 끊임없이 계속해서 수행하십시오.

여러분이 해탈을 위한 길에 첫 발걸음을 내딛는 데 성공하기를 바랍니다.

모든 존재가 행복하기를!

넷째 날 강의

위빳사나 수행법에 대한 질문들

깜마kamma의 법칙

정신적 행위의 중요성

마음의 네 부분: 의식·지각·감각·반응

알아차림과 평정심을 지키는 것이 고통으로부터 벗어나는 길

넷째 날은 아주 중요한 날입니다. 여러분은 신체적 감각을 가지고 자기 자신에 대한 진리를 탐구하기 시작했습니다. 담마Dhamma의 강물에 몸을 적시기 시작했습니다. 이제까지는 무지로 인하여 이러한 감각이 여러분의 고통

을 증식시키는 원인이었습니다만, 이제부터 이 감각들이 괴로움을 제거하는 도구가 되는 것을 배울 것입니다. 여러분이 평정심을 유지하면서 신체적 감각을 객관적으로 관찰하는 것을 배움으로써 해탈을 향해 첫발을 내딛었습니다.

우선 이 수행법에 대해 자주 제기되는 질문에 답을 하겠습니다.

Q | 왜 순서에 따라 몸을 관찰합니까? 그리고 왜 이 순서를 따라야만 합니까?

A | 어떤 순서라도 상관없습니다만, 한 종류의 순서는 필요합니다. 순서대로 관찰하지 않으면, 몸의 몇몇 부분을 간과할 위험이 있습니다. 그러면 이들 부분은 그대로 감각을 느낄 수 없는 상태로 방치되어 버릴 수도 있습니다. 감각은 몸 전체에 존재합니다. 이 수행법에서는 신체의 모든 곳에서 감각을 경험할 수 있는 능력을 기르는 것이 중요합니다. 그 때문에 주의를 순서대로 이동하는 것이 유익합니다.

만일 감각이 느껴지지 않는 부분이 있다면, 1분

정도 그곳에 머물며 주의를 기울이십시오. 실제로 그곳에 감각은 있지만, 감각의 미세한 본성 때문에 관찰하기 어려울 뿐입니다. 조용하고 침착하게 그리고 평정심을 가지고 1분 정도 그곳에 머무르십시오. 감각에 대한 갈망을 일으키지 말고, 감각이 없음에 대한 혐오도 일으키지 마십시오. 만일 갈망과 혐오를 일으킨다면 마음의 조화는 깨질 것이며, 부조화 상태의 마음은 매우 거칠고 무뎌질 것입니다. 그렇게 되면 아주 미세한 감각을 경험하기 어려워집니다. 그러나 마음이 조화로운 상태를 유지할 수 있다면, 마음은 예리해지고 예민해져서 미세한 감각들까지도 느낄 수 있게 될 것입니다. 평정심을 지키며 더도 말고 약 1분간만 관찰해 보십시오. 그래도 감각이 느껴지지 않는다면 미소를 지으며 다음으로 나아가십시오. 다음 순서에서 약 1분간 머무르다 보면, 조만간 그곳에서 감각을 느끼게 되고 온몸에서 감각을 경험하기 시작할 것입니다. 만일 여전히 감각이 느껴지지 않는다면, 그곳이 옷으로 덮여있는 부분인 경우에는 옷과 접촉해 있는 신체 그 부분의 느낌을 관찰해 보십시오. 옷으로 덮여있지 않은 부분인 경우에는 공기의 감촉을 느끼도록 해보십시오. 이처럼 표면적 감각부터 시작하십시오. 그러면 점점 다른 감각도 느끼기 시작할 것입니다.

Q | 만일 신체의 어떤 부분에 주의를 집중하고 있을 때 다른 부분에서 어떤 감각이 느껴지기 시작했다면, 그 감각을 관찰하기 위해 주의를 앞뒤로 건너뛰어야 합니까?

A | 아닙니다. 순서대로 계속 이동하십시오. 그렇다고 다른 부분에 나타나는 감각을 멈추려 하지 마십시오. 그렇게 할 수 있는 것이 아닙니다. 그러나 거기에 어떤 중요성도 부여하지 마십시오. 순서에 따라 주의를 옮기며 그곳에 갔을 때 거기에 나타나 있는 감각만을 관찰하십시오. 다른 강한 부분으로 주의를 옮겨가면, 신체의 많은 부분의 감각을 놓칠 것이며 거친 감각만 관찰하게 될 것입니다. 여러분은 신체에 나타나는 모든 다른 감각을 그것이 거친 것이든 미세한 것이든, 유쾌한 것이든 불쾌한 것이든, 또렷한 것이든 희미한 것이든, 그 감

각들을 관찰하기 위해 자신을 훈련하지 않으면 안 됩니다. 그러므로 결코 주의를 다른 곳으로 이동하지 않도록 하십시오.

Q | 정수리에서 발가락 끝까지 주의를 이동하는 데 어느 정도의 시간이 걸려야 합니까?

A | 이것은 상태에 따라 다릅니다. 어떤 부분에 주의가 갔을 때 그곳의 감각을 느꼈다면, 곧 다음으로 나아가십시오. 만일 마음이 아주 예리한 상태라면, 주의를 옮기자마자 곧 감각을 느껴서 즉시 이동할 수 있습니다. 만일 이 상황이 몸 전체에 걸쳐서 일어난다면, 정수리에서 발가락 끝까지 약 10분 정도 걸릴 것입니다. 그러나 지금 단계에서 빨리 앞으로 나아가는 것은 좋지 않습니다. 마음이 무딘 상태라면 부분마다 감각이 느껴질 때까지 1분 정도 머무를 필요가 있습니다. 이 경우라면 정수리에서 발가락 끝까지 이동하는 데 약 30분에서 한 시간 정도 걸릴 것입니다. 시간에 구애받을 필요는 없습니다. 단지 인내력을 가지고 지속적으로 수행하십시오. 반드시 성공할 겁니다.

Q | 주의를 집중시키는 부분의 크기는 어느 정도가 좋습니까?

A | 5~7센티미터 정도가 좋습니다. 5~7센티미터 정도씩 의식을 이동해 가십시오. 마음이 무뎌서 예리하게 관찰하기 어렵다면, 범위를 크게 하십시오. 예를 들면, 얼굴 전체라든가 오른팔 윗부분 전체라는 방식으로. 이렇게 관찰하고 나서 집중할 부분을 작게 하십시오. 그러면 몸 전체에 걸쳐 감각을 느낄 수 있을 겁니다. 그러나 우선 지금은 5~7센티미터 정도로 관찰해 나가십시오.

Q | 신체의 표면 부분에서만 감각을 느껴야 합니까 아니면 내부까지도 느껴야 합니까?

A | 어떤 경우, 위빳사나 수행을 시작하자마자 내부의 감각을 느끼는 수행자도 있습니다. 또 어떤 경우는 신체의 표면에서만 감각을 느끼는 사람도 있습니다. 양자 모두 정확하게 맞습니다. 감각이 신체의 표면에서만 나타난다면, 신체의 표면 전체에서 감각을 느낄 수 있을 때까지 반복해서 관찰하십시오. 표면의 모든 곳에서 감각을 경험한 뒤에는 머

지않아 내부까지 꿰뚫기 시작할 것입니다. 신체의 표면이든 내부이든 모든 부분 어디서나 감각을 느낄 수 있게 될 것입니다. 그러나 여러분은 지금 막 시작했기 때문에 표면 부분에서만 감각을 느낄 수 있다면 충분합니다.

이 수행은 감각을 통해 감각의 경험 너머의 궁극적 실상에 이르게 합니다. 여러분이 감각의 도움을 빌려 마음을 정화해 나간다면, 반드시 궁극의 상태에 도달할 수 있습니다.

어리석을 때 감각은 괴로움을 증식하는 수단입니다. 갈망과 혐오로 감각들에 반응하기 때문입니다. 문제가 실제로 일어날 때, 긴장이 신체의 감각 단계에서 발생합니다. 그래서 문제를 해결하기 위해, 마음의 습관적 패턴을 바꾸기 위해 수행해야만 하는 곳이 신체의 감각 단계입니다. 실체가 없고 변화하는 감각들에 반응하지 않으며, 모든 다른 감각을 알아차리는 것을 배워야 합니다. 이렇게 함으로써 맹목적으로 반응하는 습관으로부터 빠져나올 수 있으며 괴로움으로부터 자신을 해탈케 할 수 있습니다.

Q | 무엇이 감각입니까?

A | 몸의 단계에서 느끼는 모든 것이 감각입니다. 자연적인 보통 일상의 신체 감각들은 무엇이나, 그것이 유쾌한 것이든 불쾌한 것이든, 거친 것이든 미세한 것이든, 명료한 것이든 미세한 것이든 간에 모두 신체 감각입니다. 느끼고 있는 감각을 공기에 의해 야기된 것이라든가, 오랫동안 앉아있었던 탓이라든가, 오랜 질병 등등의 탓으로 여겨 무시해서는 안 됩니다. 어떤 이유이든지 간에 중요한 사실은 감각이 있고 그것을 느끼고 있다는 것입니다. 지금까지는 불쾌한 감각을 밀어내고 유쾌한 감각을 붙잡으려고 애썼습니다. 그러나 이제부터 여러분은 감각들을 자신과 동일시하지 말고, 단지 객관적으로 관찰하십시오.

이것이 선택 없는 관찰입니다. 감각을 선택하려고 하지 마십시오. 그 대신 일어나는 것은 무엇이든지 받아들이십시오. 만일 그 어떤 특별한 감각, 놀랄만한 감각을 찾으려고 한다면, 그것은 자신을 어렵게 만들 것이며 여러분의 수행은 진보할 수 없을 것입니다. 이 수행법은 어떤 특별한 것을 체험하기 위한 것이 아닙니다. 단지 어떤 감각을 만나더라도 평정심을 기르기 위한 것입니다. 이전에 여러분은 자신의 몸에서 유사한 감각을 경험했지만, 그때는 감각들을 의식적으로 자각하지 못하고 그것들에 반응했었습니다. 이제 여러분은 신체 단계에서 일어나는 것은 무엇이든지 간에 느끼고 반응하지 않으며 알아차리기 위해, 평정심을 유지하기 위해 이 수행을 배우고 있습니다.

여러분이 수행을 해나가면서 서서히 자연의 법칙이 명료하게 이해될 것입니다. 자연, 법칙, 진리, 진실, 이것이 담마입니다. 경험을 통해 진리를 이해하기 위해서는 신체구조 안에서 탐구해야만 합니다. 이것이 싯다르타 고타마가 붓다가 되기 위해 행했던 것입니다. 그가 했던 것처럼, 이 수행을 하는 이들은 전 우주, 신체의 안과 밖에서의 모든 것은 끊임없이 변화해 간다는 사실이 명료하게 이해될 것입니다. 그 어떤 것도 마지막 결과물은 아닙니다. 모든 것은 되어감의 과정, 즉 바와bhava에 있습니다. 그리고 또 다른 사실이 분명하게 되는데, 그것은 어떤 것도 우연히 발생하는 것은 없다는 것입니다. 모든 변화는 결과를 낳을 원인을 가지고 있고, 결과는 다시금 또 다른 변화의 원인이 되어 끊임없는 인과의 사슬을 만듭니다. 그리고 또 다른 법칙, 즉 원인이 그러하면 그 결과도 그러하리라는 씨앗에 따라서 열매가 맺힌다는 것이 분명해질 것입니다.

동일한 땅에 두 종류의 씨앗을 심었다고 합시다. 하나는 사탕수수이고 다른 하나는 열대성 님나무입니다. 사탕수수의 씨앗은 모든 섬유질까지 달콤한 식물로 자라고, 님나무의 씨앗은 모든 섬유질까지 쓴 식물로 자랍니다. 자연은 왜 어떤 식물에게는 친절하고, 어떤 식물에게는 잔인한가 하는 의문을 가진 사람이 있을지도 모릅니다. 사실 자연은 친절하지도 잔인하지도 않습니다. 자연은 법칙에 따라 작용할 뿐입니다. 자연은 각 씨앗의 성질이 나타나도록 도와줄 뿐입니다. 이것이 자연의 작용입니다. 여러분이 달콤한 씨앗을 뿌린다면 수확할 때 달콤한 열매가, 쓴 씨앗을 뿌린다면 수확할 때 쓴 열매가 맺힐 것입니다. 씨앗이 있기 때문에 열매가 있는 것처럼, 행동이 있기 때문에 그 결과도 있습니다.

그러나 문제는 파종기에는 매우 조심성 없이 쓴 씨앗을 뿌렸지만, 수확할 때에는 달콤한 열매를 얻기 바라는 마음으로 인해 매우 예민해져 있다는 점입니다. 만일 달콤한 열매를 원한다면, 알맞은 종류의 씨앗을 심어야 합니다. 쓴 씨앗을 뿌리면서 달콤한 열매가 맺히도록 기도하거나 기적을 바라는 것은 자기를 속이는 일입니다. 여러분은 자연의 법칙을 잘 이해해서 그 법칙에 따라 살아가야만 합니다. 자신의 행위를 매우 조심해야 합니다. 이 행위들은 여러분이 받을 달콤한 맛이나 쓴맛과 같은 특성을 가진 씨앗이기 때문입니다.

행동에는 세 종류, 즉 신체적 행위, 언어적 행위, 정신적 행위가 있습니다. 자기 자신을 잘 관찰하는 사람은 정신적 행위가 가장 중요하다는 것을 깨닫습니다. 정신적 행위는 결과를 낳는 행위이고 씨앗이기 때문입니다. 언어적 행위와 신체적 행위는 단지 정신적 행위를 나타내고 정신적 행위의 강도를 재는 척도에 불과합니다. 그것들은 정신적 행위에서 일어나며, 그 결과로서 언어와 신체 행위에 명료하게 드러납니다. 붓다의 말씀에 다음과 같은 것이 있습니다.

> 마음은 모든 현상을 앞서간다.
>
> 마음이 가장 중요하며, 모든 것은 마음에 의해 만들어진다.

만일 더러운 마음으로 말하거나 행동한다면,
괴로움이 그를 따를 것이다.
수레바퀴가 소의 발자국을 따르는 것처럼.

만일 깨끗한 마음으로 말하거나 행동한다면,
행복이 그를 따를 것이다.
그림자가 결코 떠나지 않는 것처럼.

이러하다면 여러분은 마음이 무엇이고 어떻게 작용하는지를 알지 않으면 안 됩니다. 여러분은 수행을 통해 마음의 현상을 탐구하기 시작했습니다. 수행이 진척됨에 따라 마음은 네 가지 주요 부분 또는 마음의 집합들로 되어있다는 것이 분명해질 것입니다.

첫 번째 부분은 윈냐나viññāṇa라고 하는데, 이것은 의식consciousness으로 번역됩니다. 감각기관은 의식과 접촉하지 않으면 죽은 것이나 다름없습니다. 예를 들면, 무엇인가를 보는 데 몰두해 있을 때, 소리가 있어도 듣지 못하는 경우가 있습니다. 모든 의식이 눈 쪽으로 가있기 때문입니다. 이 윈냐나의 작용은 구별 없이 대상을 단순히 아는 것, 인지하는 것입니다. 예를 들어, 소리가 귀라는 감각기관과 접촉하면, 그때 의식은 단지 소리가 있다는 사실만을 알아차릴 뿐입니다.

그러고 나서 마음의 두 번째 부분이 작용하기 시작합니다. 그것은 산냐saññā, 즉 지각perception입니다. 소리가 일어나면 과거의 경험과 기억에 근거해서 그것을 다른 것과 구별하여 알아냅니다. 즉 그것은 '소리다' '말이다' '칭찬이다' '좋다' 혹은 그것은 '소리다' '말이다' '욕설이다' '나쁘다'라고. 과거의 경험에 따라 좋다 혹은 나쁘다는 판단을 내립니다.

그러면 곧 세 번째 부분인 웨다나vedanā, 즉 감각sensation이 작용하기 시작합니다. 소리가 들리자마자 신체에 감각이 생기합니다. 산냐가 소리를 구별하여 알아내고 그것에 판단을 내릴 때, 감각은 그 판단에 따라 유쾌하거나 불쾌해집니다. 예를 들면, '소리다' '말이다' '칭찬이다' '좋다'라고 판단이 내려지면, 온몸에서 유쾌한 감각을 느낍니다. 반대로, '소리다' '말이다' '욕설이다' '나쁘다'라고 판단이 내려지면, 온몸에서 불쾌한 감각을 느낍니다. 감각은 신체에 나타나며 마음이 그것을 느낍니다. 이 작용을 웨다나라 합니다.

그러고 나면 네 번째 부분이 작용합니다. 이것이 상카

라saṇkhāra, 즉 반응reaction입니다. 소리가 들립니다. 말들, 칭찬의 말들, 기분 좋음, 유쾌한 감각…. 그리고 그것을 좋아하기 시작합니다. "이 칭찬은 멋지다! 좀 더 듣고 싶다!"라고. 반대로 소리가 들립니다. 말들, 비난의 말들, 기분 나쁨, 불쾌한 감각…. 그리고 그것을 싫어하기 시작합니다. "이 욕설은 참을 수 없어, 그만둬!"라고. 눈, 귀, 코, 혀, 몸 각각의 감각기관을 통해 동일한 과정이 발생합니다. 생각이나 상상이 마음과 접촉할 때에도 유쾌하거나 불쾌한 감각이 신체에 나타납니다. 그리고 그것을 좋다 혹은 싫다고 반응하기 시작합니다. 이 순간의 '좋아함'이라는 반응은 커다란 갈망으로, '싫어함'이라는 반응은 지독한 혐오로 발전해 나갑니다. 이렇게 마음에서 속박의 매듭을 맺기 시작합니다.

열매를 맺는 진짜 씨앗이며 결과를 가져오는 행위, 이것이 정신적 반응인 상카라입니다. 여러분은 매 순간 이 씨앗을 계속 뿌리고, 좋아함과 싫어함, 갈망과 혐오로 계속 반응하고 있습니다. 그렇게 자신을 비참하게 만들어 갑니다.

거의 인상을 남기지 않고 곧 사라져버리는 가벼운 반응이 있습니다. 약간 깊은 인상을 남기는 반응은 얼마 후에 사라져갑니다. 그러나 깊은 인상을 남기는 반응은 오랜 시간에 걸쳐 사라져갑니다. 하루의 마지막, 그날 만들어낸 상카라들을 모두 기억하려고 할 때, 그 하루 동안 가장 강한 인상을 남긴 한두 개만을 회상할 수 있습니다. 이와 똑같이 한 달, 일 년의 끝에 서서 만든 상카라들을 기억하고자 한다면, 그 기간 동안 가장 강한 인상을 남긴 한두 개의 상카라만을 회상할 수 있을 것입니다. 죽음의 순간, 여러분이 좋아하건 싫어하건 간에 강한 인상을 남겼던 상카라가 마음속에 떠오를 것입니다. 이 생의 마지막 상카라가 지닌 쓴맛 혹은 단맛과 동일한 성질을 가진 마음으로 다음 생이 시작될 것입니다. 우리의 행위에 의해 자신의 미래는 창조됩니다.

위빳사나는 죽음의 기술, 즉 평화롭고 조화롭게 죽는 방법을 가르칩니다. 여러분은 삶의 기술을 배움에 따라 죽음의 기술까지도 배웁니다. 삶의 기술이란 지금 이 순간의 주인이 되는 방법, 지금 바로 이 순간에 상카라를 만들어내지 않는 방법, 지금 여기에서 행복한 삶을 사는 방법입니다. 지금 현재가 좋으면 현재의 산물인 미래에 대해 염려할 필요가 없습니다. 미래는 좋을 것이 분명하기 때문입니다.

이 수행법에는 두 가지 측면이 있습니다. 하나의 측면은 마음의 의식 차원과 무의식 차원의 벽을 허무는 것입니다. 보통 의식적 마음은 무의식적 마음에서 경험되는 것을 알지 못합니다. 무지에 의해 감추어진 반응들은 무의식적 마음에서도 일어납니다. 그 반응들이 의식적 마음으로 올라올 때, 그것들은 너무나 격렬해져서 마음을 쉽게 전복시킵니다. 이 수행에 의해 마음 전체는 의식하게 되고 깨어있게 됩니다. 무지는 사라집니다.

이 수행의 다른 측면은 마음의 평정입니다. 경험하는 모든 것, 모든 감각에 대해 깨어있되 반응하지 않고, 갈망이나 혐오에 의한 새로운 매듭을 맺지 않는 것입니다. 그러면 스스로 고통을 만들어내지 않습니다.

처음에 앉아서 명상하는 동안, 대부분의 시간을 감각에 반응하는 데 써버리지요. 그러나 격심한 통증에도 불구하고 평정심을 유지하는 아주 짧은 순간이 올 것입니다. 이러한 순간은 마음의 습관을 바꾸는 데 아주 효과적인 순간입니다. 점차적으로 여러분은 통증이란 사라질 수밖에 없는 아닛짜anicca에 불과하다는 것을 이해하여, 어떠한 감각을 만나더라도 웃음 지을 수 있는 상태에 도달할 것입니다.

이 상태에 도달하기 위해 여러분 스스로가 수행해야 합니다. 어느 누구도 여러분을 대신해서 수행해 줄 수 없습니다. 이 길에 서서 한 발자국을 내딛었다는 것은 좋은 일입니다. 여러분 자신의 해탈을 위해 한 걸음 한 걸음 계속 걸어가십시오.

여러분 모두가 참된 행복을 맛볼 수 있도록.

모든 존재가 행복하기를!

다섯째 날 강의

네 가지 성스런 진리: 괴로움, 괴로움의 원인, 괴로움의 소멸, 괴로움(조건화되어 함께 발생하는 고리들)을 소멸시키기 위한 방법

다섯째 날이 끝났습니다. 닷새가 남았습니다. 이 수행법을 올바르게 이해하여 열심히 수행하고, 남아있는 날들을 최대한 활용하십시오.

여러분은 제한된 부분 안에 나타나는 호흡을 관찰하는 것부터 몸 전체의 감각을 관찰하는 것까지 나아갔습니다. 이 수행을 시작하면 처음에 통증, 압박 등과 같은 지독하고 거칠고 강한 불쾌한 감각을 체험할 것입니다. 여

러분은 과거에도 이러한 감각을 체험했었지만, 그때에는 마음의 습관적 패턴이 항상 동요된 상태로 있으면서 고통을 거부하고 기쁨을 좇아가는 방식으로 감각에 반응했던 것입니다. 그러나 이제 여러분은 감각을 자신과 동일시하지 않으면서 객관적으로 감각을 관찰하는 방법, 감각에 반응하지 않고 관찰하는 방법을 배우고 있습니다.

고통은 존재하고 괴로움도 존재합니다. 아무리 한탄하며 운다 하여도 고통으로부터 자유롭지는 못합니다. 그럼 어떻게 하면 고통으로부터 벗어날까요? 어떻게 그 고통과 함께 살 수 있을까요?

의사는 환자가 어떤 병에 걸렸는지, 병의 근원적 원인이 무엇인지를 조사해야 합니다. 만일 원인을 안다면 원인을 제거해 감에 따라 그 환자의 병을 치료할 수가 있습니다. 원인이 제거되면 병은 자동적으로 치유됩니다. 그러므로 원인을 제거하기 위해 수순을 밟아가야만 합니다.

우선 괴로움이 있다는 사실을 받아들여야만 합니다. 어느 곳에서나 괴로움은 존재합니다. 이것은 보편적 진리, 보편적 진실입니다. 그리고 반응하지 않고 그 괴로움을 관찰하기 시작했을 때, 그것은 성스런 진리가 됩니다.

그렇게 수행하면 누구든지 고귀하고 성스러운 사람이 될 것임이 분명하기 때문입니다.

'괴로움이 있다'는 첫 번째 성스런 진리를 관찰하기 시작하면, '괴로움의 원인'이 아주 명료하게 보입니다. 그리고 그 원인인 두 번째 성스런 진리까지도 관찰하기 시작합니다. 원인이 제거되면 고통도 제거됩니다. 이것이 '괴로움의 소멸'인 세 번째 성스런 진리입니다. 괴로움의 소멸을 성취하기 위해 반드시 자신의 발로 한 걸음 한 걸음 나아가야 합니다. 이것이 '괴로움을 소멸시키기 위한 방법'인 네 번째 성스런 진리입니다.

여러분은 반응하지 않고 관찰하는 법을 배우기 시작했습니다. 여러분이 경험하는 고통을 마치 다른 누군가의 고통인 것처럼 객관적으로 검토하십시오. 실험실에서 실험하는 과학자처럼 그것을 조사하십시오. 실패해도 다시 시도하십시오. 계속 노력하다 보면 고통으로부터 차차 벗어나고 있음을 발견할 것입니다.

살아있는 모든 것은 고통스럽습니다. 인생은 울음으로 시작합니다. 태어남은 고통입니다. 태어난 것이라면 반드시 병듦과 늙음의 고통을 마주해야 합니다. 자신의 삶이 아무리 괴로울지라도, 그 어떤 누구도 죽기를 원치는 않습니다. 죽음은 커다란 고통이기 때문입니다.

일생을 통해 싫어하는 것과 만나고, 좋아하는 것과는 헤어집니다. 원하지 않는 일들이 발생하고, 원하는 일들은 일어나지 않습니다. 그래서 괴로워합니다.

이 진리를 머리로 이해한다고 해서 괴로움으로부터 해방되는 것은 아닙니다. 머리로 이해하는 것은 자신을 돌아보게 하는 영감만을 줄 뿐입니다. 그래서 진리를 경험하고 괴로움의 길에서 벗어나는 길을 발견해야만 합니다. 이것이 싯다르타 고타마가 붓다가 되기 위해 실행했던 것입니다. 거칠고 표면적인 진리에서 더 미세한 진리로, 가장 미세한 진리로 진행하면서, 실험 중인 과학자처럼 자신의 육체구조 안에서 실제를 관찰하는 것입니다. 그는 유쾌한 감각을 유지하려거나 불쾌한 감각을 제거하려는 갈망이 충족되지 않았을 때, 괴로움이 일어난다는 것을 발견했습니다. 가장 미세한 상태까지 가서 완전히 집중된 마음으로 보았을 때, 다섯 개의 집합체(몸, 의식, 지각, 감각, 반응)에 대한 집착이 고통의 원인이라는 것을 발견했습니다. 여러분은 머리로, 물질적 집합인 육체는 '나'도 아니고 '나의 것'도 아니며, 자신이 조절할 수 없는 변화하는 현상이고 무아라고 이해할 수 있을지도 모릅니다. 그러나 실제로 우리는 몸을 자아와 동일시하고, 그것에 대해 헤아릴 수 없이 무수한 집착을 일으킵니다. 이와 비슷하게 의식, 지각, 감각, 반응의 정신적 집합체에 대해서도 집착을 가지고, 그것이 항상 변화하는 본성을 지닌 것임에도 그것들을 '나' '나의 것'이라고 집착합니다. 물론 일상생활에서 관습적으로 '나' '나의 것'이라는 말을 쓰기도 하지만, 몸과 마음이라는 다섯 가지 집합체에 불과한 존재에 집착할 때, 여러분은 스스로 고통을 만들어내는 것입니다. 집착이 있는 곳이라면 어디든지 반드시 괴로움이 있으며, 집착이 크면 클수록 괴로움도 커집니다.

인생을 살아가면서 사람들이 가지는 집착에는 네 종류가 있습니다. 첫째는 자신의 욕구와 갈망에 대한 집착입니다. 마음속에 갈망이 떠오를 때 신체에는 반드시 감각이 나타납니다. 마음 깊은 곳에서 동요의 폭풍우가 불기 시작했을지라도 표면의 차원에서는 감각을 좋아하고 그것이 지속되기를 바랍니다. 이것은 염증 난 상처를 긁는 것과 비교할 수 있습니다. 긁음으로써 상처를 더 악화시킬 뿐이지만, 그는 긁는 감각을 즐기는 것입니다. 이와 동일하게 욕구가 충족되자마자 욕구와 함께 동반된 감각

또한 곧 사라집니다. 그리고 감각을 유지시키기 위해 새로운 욕구를 만들어냅니다. 이것은 갈망에 중독되어 자신의 괴로움을 증대할 뿐입니다.

둘째는 '나'라고 불리는 이 존재가 정말로 무엇인지도 모르면서 '나' '나의 것'에 대해 집착하는 것입니다. 사람들은 '나'에 대한 그 어떤 비난과 공격을 참지 못합니다. 그리고 이 집착은 '나'와 '나의 것'에 속하는 그 어떤 것이든 그 범위를 넓혀갑니다. 만일 '나의 것'이라 불리는 것을 영원히 지속시킬 수 있고 '나' 또한 영원히 그것을 즐길 수 있다면, 이 '나'와 '나의 것'이라 불리는 것에 대한 집착은 괴로움을 가져오지 않습니다. 그러나 자연의 법칙은 언젠가는 내 자신과 타인이 죽는다는 것입니다. 그러므로 영원하지 않은 것에 대한 집착은 불행을 가져오게 되어있습니다.

셋째는 자신의 생각, 믿음에 대한 집착입니다. 이런 집착을 가진 사람들은 그것들에 대한 어떤 비판도 참지 못하며, 심지어 타인들이 자신과 다른 의견을 가졌다는 것조차 받아들이지 못합니다. 모든 사람이 각자 색이 다른 색안경을 쓰고 있다는 것을 이해하지 못합니다. 때가 없는 있는 그대로의 실상을 보기 위해 안경을 벗어던지는 대신, 자신의 안경 색에 집착하고 자신의 선입견과 믿음에 집착합니다.

넷째는 제사의식과 절차 그리고 종교적 관습에 대한 집착입니다. 사람들은 이 모든 것이 단지 외부적인 쇼이고, 진리의 본질을 담고 있지 않다는 것을 잘 이해하지 못합니다. 진리를 직접 자신 안에서 경험하는 법을 배운 사람들일지라도 공허한 외적 형식에 매달린다면, 이 집착은 갈등을 낳고 괴로움을 낳을 것입니다.

인생의 모든 괴로움을 주의해서 관찰해 보면, 위에서 언급한 네 종류의 집착과 관련되어 있다는 것을 알게 될 것입니다. 이것은 싯다르타 고타마가 진리를 향한 탐색에서 발견한 것입니다. 그는 괴로움의 가장 깊은 원인을 발견하기 위해, 자신 안에서 탐구를 거듭했습니다. 모든 현상이 어떻게 작용하는가를 이해하기 위해, 그것의 근원을 추적했습니다.

삶에서의 고통, 즉 병듦, 늙음, 죽음 그리고 정신적·육체적 고통 등은 태어난 이상 피해갈 수 없는 명백한 사실들입니다. 그럼 사람은 왜 태어나는 걸까요? 물론 직접적인 이유는 부모의 육체적인 결합 때문이지만, 좀 더 넓은 관점에서 본다면 탄생은 우주 전체와 관련된 끝없는

'되어감의 과정' 때문에 발생합니다. 죽음의 순간에도 그 과정은 멈추지 않습니다. 육체는 썩어가고 분해되어 갈지라도 의식은 또 다른 물질적 구조와 연결되어 계속 흘러갑니다. 왜 이 '되어감의 과정'이 일어나는 것일까요? 붓다는 이것 역시 자신이 일으킨 집착에 의한 것임을 명료하게 보여주었습니다. 집착 때문에 마음에 깊은 인상을 새기는 강한 반응들, 즉 상카라saṅkhārā들을 일으킵니다. 죽는 순간에도 그것들 중의 하나는 마음에 떠오르고, 그것은 의식의 흐름을 지속시키는 원동력이 됩니다.

그럼, 집착의 원인은 무엇일까요? 붓다는 집착은 좋아함과 싫어함이라는 순간적 반응 때문에 발생한다는 것을 발견했습니다. '좋아함'이라는 반응은 강한 갈망을 일으킵니다. '싫어함'이라는 반응은 강한 혐오를 일으키는데, 혐오는 갈망의 뒷모습에 불과합니다. 이 두 가지는 집착으로 바뀌어갑니다. 그렇다면 도대체 왜 좋아함과 싫어함이라는 순간적인 반응이 일어나는 걸까요? 자신을 잘 관찰하는 사람은 육체적 감각 때문에 그런 반응들이 발생한다는 것을 발견할 것입니다. 유쾌한 감각이 신체에서 일어나면 그것을 좋아하고, 유지하려 하며, 그것이 늘어나기를 원합니다. 불쾌한 감각이 발생하면 그것을 싫어하고 없애려고 합니다. 그럼, 왜 이 감각들이 있을까요? 확실히 감각들은 여섯 개의 감각기관과 그 대상의 접촉에 의해 발생합니다. 즉 눈과 시각적 대상과의 접촉, 귀와 소리와의 접촉, 코와 냄새와의 접촉, 혀와 맛과의 접촉, 몸과 감촉할 수 있는 것과의 접촉, 마음과 생각·상상과의 접촉에 의해 일어납니다. 접촉이 있는 순간 반드시 유쾌하거나 불쾌하거나 중립적인 감각이 발생합니다.

그럼, 왜 접촉이 발생할까요? 전 우주는 감각기관의 대상이 되는 것들로 가득 차있습니다. 여섯 가지 감각기관, 즉 다섯 가지 육체적 감각기관과 마음이 작용하는 한, 감각기관들은 그것들에 대응하는 대상과 반드시 만납니다. 그럼, 도대체 왜 이러한 감각기관이 존재하는 것일까요? 그것들은 마음과 물질의 흐름에서 나누어질 수 없는 부분들입니다. 말하자면, 감각기관들은 생명의 탄생과 동시에 발생합니다. 그럼 왜 생의 흐름, 마음과 물질의 흐름이 일어날까요? 그것은 한 찰나에서 다음 찰나로, 이 생에서 다음 생으로 이어지는 의식의 흐름 때문입니다. 그럼, 의식의 흐름은 왜 일어날까요? 붓다는 의식의 흐름은 상카라들, 즉 정신적 반응들에 의해 발생한다는 것을 발견했습니다. 정신적 반응들인 상카라들은 의식의 흐름에 힘을 부여합니다. 요컨대 의식의 흐름은 정신적 반응들인 상카라라는 힘 때문에 흘러갑니다. 그럼 반응, 즉 상카라들이 왜 발생할까요? 붓다는 상카라들이 무지에 의해 발생한다는 것을 발견했습니다. 우리는 자신이 무엇을 하고 있는지, 자신이 어떻게 반응하고 있는지를 모릅니다. 그래서 상카라들을 계속 일으킵니다. 무지가 있는 한 고통은 이어집니다.

이처럼 고통을 일으키는 과정의 근원, 가장 깊은 근본 원인은 무지입니다. 무지로부터 우리 스스로 커다란 괴로움의 덩어리를 만들어내는 사건의 고리가 시작됩니다. 이 무지를 제거할 수 있다면 고통 또한 소멸됩니다.

어떻게 하면 이것을 이룰까요? 어떻게 이 연결고리를 끊어낼 수 있나요? 물질과 정신의 흐름, 생명의 흐름은 이미 시작되었습니다. 자살로는 이 문제를 해결하지 못합니다. 새로운 괴로움을 낳을 뿐입니다. 감각기관을 없앨 수도 없습니다. 감각기관이 존재하는 한 접촉은 감각기관에 대응하는 대상들과 함께 발생합니다. 그리고 접촉이 일어날 때마다 감각은 반드시 몸 안에서 일어납니다.

바로 이 감각의 연결고리에서 사슬을 끊을 수 있습니

다. 지금까지 모든 감각은 좋아함과 싫어함이라는 반응을 발생시켰으며, 강한 갈망이나 혐오, 심한 괴로움을 낳았습니다. 그러나 지금 여러분은 감각으로 반응하는 대신, '이것 또한 변화한다'라는 이해를 가지고 평정심으로 단지 관찰하는 것을 배우고 있습니다. 이제까지 괴로움의 근원이었던 감각이 이제는 지혜와 아닛짜anicca에 대한 이해만을 발생시킬 것입니다. 여러분은 굴러가는 고통의 수레를 멈추고, 그것을 반대 방향으로 굴려서 해탈을 향해 가기 시작했습니다.

새로운 상카라들을 일으키지 않을 때, 오래된 상카라들이 마음의 표면으로 떠오를 것입니다. 그것과 함께 몸 안에 감각이 나타날 것입니다. 만일 이때 여러분이 평정심을 가지고 반응하지 않는다면, 그 감각은 사라지고 그곳에 다른 오래된 반응인 상카라가 떠오를 것입니다. 여러분이 육체적 감각에 대해 지속적으로 평정심을 유지하고 반응하지 않는다면, 오래된 상카라들은 하나둘씩 계속해서 일어났다 사라지고, 일어났다 사라질 것입니다. 만일 여러분이 무지로 인해 감각에 반응한다면, 상카라들을 증식시키고 괴로움도 증식시킬 것입니다. 그러나 만약 여러분이 감각들에 대해 반응하지 않고 지혜를 계발한다면, 상카라들은 계속해서 소멸되고 괴로움도 사라질 것입니다. 이 길, 이 수행은 고통으로부터 벗어나는 길입니다. 직접 수행을 해나가면서 여러분은 새로운 속박의 매듭을 맺지 않으며, 오래된 매듭들 또한 저절로 풀어지는 것을 보게 됩니다. 여러분은 새로운 생과 새로운 고통으로 이끄는 상카라들이 모두 소멸된 상태, 완전한 깨달음, 참된 해탈의 상태를 향해 서서히 진보해 나갈 것입니다.

이 수행을 시작하는 데 전생과 내생을 믿을 필요가 없습니다. 위빳사나 수행을 하는 데는 지금, 이 현재가 가장 중요하기 때문입니다. 이 현재의 생만 보더라도 여러분은 상카라를 계속 만들어내고 자신을 스스로 괴롭게 만듭니다. 지금 그리고 여기에서 이 습관을 끊고 고통으로부터 벗어납시다. 만일 수행을 계속해 나간다면, 여러분이 오래된 상카라들을 제거했고, 새로운 그 어떤 상카라들도 일으키지 않으며, 그래서 모든 고통으로부터 내 자신이 자유롭게 되었다고 말할 수 있을 그날, 그날이 반드시 옵니다.

이 목표를 이루기 위해 여러분 스스로 수행해야 합니다. 남아있는 5일 동안 열심히 수행하십시오. 괴로움으로부터 벗어나서 해탈의 즐거움을 누리십시오.

모든 존재가 행복하기를!

여섯째 날 강의

감각에 대한 알아차림과 평정심 계발의 중요성

4대 원소와 감각과의 관계

물질이 일어나는 네 가지 원인

다섯 가지 장애: 갈망, 혐오, 정신적·육체적 게으름, 흥분, 의심

여섯째 날이 끝났습니다. 앞으로 나흘이 남았습니다. 나흘 동안 마음의 불순물을 얼마간 제거할 수 있도록, 그리고 일생 동안 활용할 수 있도록 수행법을 이해하십시오. 만일 여러분이 올바른 이해를 가지고 이 수행법을 일상의 삶에 적용하는 방법을 배운다면, 확실히 여러분에게

많은 이익을 줄 것입니다. 그러므로 이 수행법을 철저하게 이해하십시오.

이 수행은 염세주의 수행이 아닙니다. 담마Dhamma는 여러분에게 쓴 고통의 진리를 받아들이도록 가르치고 있지만, 고통으로부터 벗어나는 방법 또한 보여줍니다. 그러므로 이 길은 현실주의, 그리고 실천주의와 결합한 낙관주의의 길입니다. 여러분은 자신을 자유롭게 하기 위해 실천 수행해야만 합니다.

이 수행의 전부가 다음의 몇 구절로 설명됩니다.

"모든 상카라saṅkhārā는 영원하지 않다"
진정한 지혜로 이것을 보는 자는,
고통으로부터 벗어나게 됩니다.
이것이 정화의 길입니다.

여기서의 상카라는 정신적 반응들뿐만 아니라, 그 반응들의 결과까지도 의미합니다. 모든 정신적 반응은 열매를 맺을 종자입니다. 인생에서 경험하는 모든 것은 열매, 즉 자기 행위의 결과입니다. 그것은 여러분의 과거 혹은 현재의 상카라들입니다. 그래서 '모든 상카라는 영원하지 않다'라고 하는 것은 '일어나는 모든 것, 조건에 의해 만들어진 것은 소멸하고 붕괴한다'를 의미합니다. 이 실상을 단지 감정적으로 혹은 신앙 때문에 혹은 지적으로 받아들인다고 해서 마음이 정화되는 것은 아닙니다. 이것은 자신 안에서 일어나고 사라지는 과정을 경험함으로써 사실의 차원에서 이해해야 합니다. 만일 여러분이 신체의 감각 관찰을 통해 '영원하지 않음'을 직접 경험한다면, 거기서 계발되는 이해는 참된 지혜, 자기 자신의 지혜가 됩니다. 이 지혜와 더불어 여러분은 괴로움으로부터 벗어나게 됩니다. 설령 통증이 남아있더라도 더 이상 그것으로 인해 고통받지 않을 것입니다. 그 대신에 고통을 느끼면서도 미소 지을 수 있습니다. 왜냐하면 그것을 관찰할 수 있기 때문입니다.

오래된 습관은 고통스런 감각들을 밀어내고 즐거운 감각을 끌어당기려고 노력할 것입니다. 여러분이 고통과 즐거움을 밀기도 하고 당기기도 하는 게임에 빠져있는 한, 마음은 분주하게 돌아다니며 괴로움을 증가시킵니다. 그러나 감각을 자신과 동일시하지 않고 객관적으로 관찰하는 것을 배울 때, 맹목적으로 반응하여 자신의 고통을 증식시키는 오래된 습관은 점진적으로 약화되어 사라져갈 것입니다. 여러분은 단지 관찰하는 법을 배우십시오.

이것은 위빳사나 수행을 하면 식물과 같은 인간이 되어 타인이 해를 끼쳐도 소극적으로 받아들이게 된다는 것을 의미하지 않습니다. 오히려 위빳사나는 반응하는 대신, 행동하는 법을 가르칩니다. 이제까지 여러분은 반응하는 삶을 살았으며, 그 반응은 언제나 부정적인 것이었습니다. 그러나 여러분은 지금 참된 행동을 하는 건강한 인생을 사는 법, 올바르게 사는 법을 배우고 있습니다. 감각을 관찰하는 사람은 삶에서 어려운 상황을 만나더라도 맹목적으로 반응하는 상태에 빠지지 않을 것입니다. 반응하는 대신에, 감각에 대한 알아차림과 평정심을 유지한 채 몇 초 기다리고 그리고 결단하고 행동의 방향을 선택합니다. 이러한 행동은 언제나 긍정적입니다. 왜냐하면 그런 행동은 균형 잡힌 마음에서 일어기 때문입니다. 그러므로 자신과 타인에게 이로운 창조적 행동이 될 것입니다.

여러분이 몸과 마음의 현상을 관찰함에 따라 차차 반응하는 것이 멈추기 시작합니다. 무지로부터 벗어나기 때문입니다. 반응의 오래된 습관은 무지에 근거하고 있습니다. 자기 자신 안의 실상을 관찰한 적이 없는 사람은 깊은 내부에서 무엇이 발생하는지, 갈망과 혐오로 어떻게 반응하는지 결코 알지 못합니다. 나아가 그것이 자신을 괴롭히는 긴장 상태를 만들어낸다는 것도 모릅니다.

마음이 물질보다 훨씬 무상하다는 것을 이해하기는 어렵습니다. 정신 과정은 너무나 빠르게 일어나기 때문에, 관찰하는 훈련을 받지 않은 사람이 그 움직임을 따라가기는 어렵습니다. 실상을 알지 못하기 때문에 눈에 보이는 것, 귀에 들리는 것, 혀에 느껴지는 것 등의 외적 대상에 반응하는 착각 속에 놓이게 됩니다. 표면적으로는 그렇습니다. 그러나 자신을 관찰하는 사람이라면, 더 미세한 차원에서 실상은 이와 다르다는 것을 발견할 것입니다. 외부세계는 그 혹은 그녀가 감각기관을 통해 경험할 때만, 즉 감각대상이 감각기관과 접촉할 때만 존재합니다. 접촉이 있자마자 거기에서 진동, 감각이 일어날 것입니다. 이에 대해 지각은 자신의 과거 경험들, 조건들 그리고 과거 상카라들에 기초해서 감각이 좋음 혹은 나쁨이라는 판단을 내립니다. 색칠된 가치판단에 따라 감각은 유쾌함 혹은 불쾌함이 되며, 이 감각의 종류에 따라 좋아하기도 하고 싫어하기도 하면서 갈망이나 혐오라는 반응을 일으키기 시작합니다. 감각은 외적 대상과 내적 반응 사이를 연결하는, 잊혀서 놓치고 있던 고리입니다. 지금 설명한 전 과정은 너무나 빠르게 발생하기 때문에, 여러분은 그것을 알아차리지 못합니다. 반응이 의식 차원에 도달하기까지 그 과정은 몇 십만 번이나 반복하면서 강렬해집니다. 그리고 그것은 대단히 강렬해져서 마음을 쉽게 전복시킬 수 있습니다.

싯다르타 고타마는 감각의 차원에서 갈망과 혐오의 근원적 원인을 발견하고, 감각이 생기는 곳에서 그것을 제거함으로써 깨달음을 얻었습니다. 그는 자신이 행했던 것, 경험을 통해 얻은 것을 다른 사람들에게 가르쳤습니다. 갈망과 혐오로부터 벗어나야 한다는 가르침은 그만의 독특한 가르침이 아닙니다. 붓다 이전에도 인도에는 이런 가르침이 있었습니다. 도덕이나 마음의 통제의 계발도 붓다 혼자만의 가르침이 아닙니다. 그리고 지적이거나 감정적이거나 신앙적 차원의 지혜 수행도 붓다 이전에 존재했었습니다. 붓다 가르침의 독특함·독자성은 다른 곳에 있습니다. 붓다 가르침의 독특성은 갈망과 혐오가 일어나기 시작하는 곳은 신체 감각이고, 바로 그곳에서 갈망과 혐오를 제거해야만 한다는 것을 밝힌 데 있습니다. 여러분이 감각을 다루지 않는다면, 마음 깊은 곳에서 오래된 반응의 습관이 지속됨에도 불구하고, 단지 마음의 표면 단계만 닦고 있는 것입니다. 자신 안에서 일어나는 모든 감각에 대한 알아차림과 그것에 대한 평정심을 유지할 때, 여러분은 습관적 반응을 멈출 수 있습니다. 그러면 고통으로부터 벗어날 수 있습니다.

이것은 믿음으로 받아들여야 하는 도그마도 아니고, 지적으로 수용해야 하는 철학도 아닙니다. 여러분은 진리를 발견하기 위해 자기 자신을 탐구하지 않으면 안 됩니다. 여러분이 그것을 경험할 때만 그것을 진실로 받아들이십시오. 진리에 대한 경청은 중요하지만, 그 경청은 반드시 실제 수행과 연결되어야만 합니다. 붓다의 모든 가르침은 각자의 수행과 경험을 통해 알아야만 하는 것입니다. 그래야 고통으로부터 벗어날 수가 있습니다.

붓다의 설명에 의하면, 몸 전체의 구조는 4대 원소와 각각의 성질로 된 아원자입자인 깔라빠kalāpā라는 것으로 구성되어 있습니다. 이것은 자신의 내부뿐만 아니라 외부에서도 쉽게 볼 수 있습니다. 즉 어떤 물질은 고체라는 땅의 요소, 어떤 물질은 액체라는 물의 요소, 어떤 물질은 기체라는 바람의 요소를 현저하게 가지고 있으며 모든 경우에 온도라는 불의 요소를 가지고 있음을 쉽게 볼 수 있습니다. 자신의 내부에서 실상을 탐구한 몇몇 사람은 좀 더 미세한 차원에서 4대 요소가 존재한다는 것을 알 것입니다. 가장 무거운 것에서 가장 가벼운 것까지 무게로서 잴 수 있는 모든 영역이 땅의 요소입니다. 불의 요소는 온도의 영역으로 가장 차가운 것부터 가장 뜨거운 것까지를 포함하고 있습니다. 바람의 요소는 정지해 있는 듯한 상태부터 가장 큰 움직임까지의 움직임과 연결되어 있습니다. 물의 요소는 묶고 응집하는 성질을 가지고 있습니다. 이 깔라빠들은 하나 혹은 그 이상의 요소가 우세하면서 그 이외의 요소들은 잠재적인 상태로 있습니다. 만일 깔라빠가 불의 요소를 현저하게 가지고 나타난다면, 뜨거움 혹은 차가움의 감각이 발생합니다. 나머지 요소들도 똑같습니다. 이처럼 모든 감각은 신체구조 안에서 발생하는 것입니다. 여러분이 무지하다면, 판단을 내리고 감각에 반응하며 스스로 새로운 괴로움을 만들어나갈 것입니다. 그러나 만일 지혜가 있다면, 깔라빠가 특정한 하나 혹은 그 이상의 성질을 가지고 발생하며, 거기에는 실체적 자아도 없고 일어나고 사라지는 변화의 현상만이 있다는 것을 이해할 것입니다. 이 이해를 가지고 있을 때, 어떤 감각을 만나더라도 자기 마음의 균형을 잃지 않을 겁니다.

자신을 지속적으로 관찰해 나아감에 따라, 왜 깔라빠가 발생하는지를 명료하게 이해하게 될 것입니다. 깔라빠들은 생명의 흐름, 즉 물질과 정신의 흐름에서 여러분이 제공하는 연료에 의해 생깁니다. 물질의 흐름은 물질적 연료를 필요로 하는데, 이것에는 두 종류가 있습니다. 두 종류는 우리가 먹는 음식과 우리가 살고 있는 환경입니다. 마음의 흐름도 정신적 연료를 필요로 합니다. 이것에도 두 종류가 있는데, 이것이 과거의 상카라와 현재의 상카라입니다. 만일 여러분이 현재의 순간에 '화냄'의 연료를 준다면, 마음은 즉각적으로 육체에 영향을 주며, 뜨거움이라는 감각을 느끼게 하는 불의 성질이 현저한 깔라빠가 일어나기 시작합니다. 만일 연료가 '두려움'이라면, 그때에는 바람의 요소가 현저한 깔라빠가 발생할 것이며, 여러분은 떨림의 감각을 느낄 것입니다. 또 다른 정신적 연료는 과거 상카라입니다. 모든 상카라는 얼마 후에 결과와 열매를 맺을 씨앗입니다. 상카라의 씨앗을 심을 때 여러분이 경험하는 감각은 상카라의 열매가 마음 표면에 떠오를 때 다시 경험합니다.

특정한 감각이 일어나는 것에 대해 네 가지 연료 중 어느 것 때문이라고 결정하려고 해서는 안 됩니다. 여러분은 어떤 감각이 일어나더라도 단지 받아들이기만 하십시오. 유일한 노력은 새로운 상카라를 일으키지 않고 관찰하는 것입니다. 마음에 새로운 반응이라는 연료를 주지 않는다면, 오래된 상카라는 자동적으로 열매가 되어 감각으로 나타날 것입니다. 관찰하면 그 감각은 일어나서 사라집니다. 감각에 반응하지 말아야 합니다. 그렇게 되면 또 다른 오래된 상카라가 열매를 맺게 될 것입니다. 이런 방식으로 감각에 대한 알아차림과 그에 대해 평정심을 유지할 때, 오래된 상카라는 일어나서 사라지고 일어나서 사라져갑니다. 그리고 여러분은 고통으로부터 벗어나게 됩니다.

새로운 반응을 만들어내는 오래된 습관을 고치지 않으면 안 됩니다. 그것은 오직 반복적인 수행과 지속적인 노력을 통해서만 가능합니다.

물론 수행 도중 여러분은 장애물을 만나게 됩니다. 여러분의 발전을 멈추게 하고 전복시키려고 시도하는 다섯 가지 강한 적이 있습니다. 그 적들 중 갈망과 혐오가 있습니다. 위빳사나 수행의 목적은 이들 두 정신적 불순물을 제거하는 것입니다만, 갈망과 혐오는 여러분이 명상하고 있는 동안에도 나타날 것입니다. 만일 갈망과 혐오가 여러분의 마음을 압도한다면, 그때 정화의 과정은 멈춥니다. 여러분이 미세한 감각을 갈망하든, 심지어 닙바나nibbāna를 갈망하든, 이 양자에 차이는 없습니다. 갈망은 갈망입니다. 갈망은 태우는 불꽃이므로, 연료가 무엇이든 상관없이 그 갈망은 여러분을 해탈과 반대되는 방향으로 이끌고 갑니다. 혐오도 마찬가지입니다. 여러분이 경험하는 통증에 대해 혐오를 일으키기 시작할지도 모릅니다. 그때 다시 여러분은 궤도이탈을 해버립니다.

또 다른 적은 게으름·졸음입니다. 밤새 푹 잤지만 명상을 시작하기 위해 앉자마자 졸음이 덮칩니다. 이 졸음도 정신적 불순물에 의해 일어난 것이므로 위빳사나 수행을 통해 쫓아내야만 하는 것입니다. 이것은 여러분의 명상을 멈추게 하려는 적입니다. 여러분은 이러한 적들에 의해 전복되지 않기 위해 싸워야만 합니다. 예를 들면, 졸음이 올 때 호흡을 약간 강하게 해보십시오. 혹은 일어서서 눈에 차가운 물을 대거나 조금 걸어보십시오. 그리고 다시 앉는 것입니다.

여러분은 위빳사나 수행을 하지 못하게 하려는 또 다

른 적인 강한 들뜸·동요를 느낄지도 모릅니다. 여러분은 온종일 명상이 아닌 그 어떤 것을 하면서 이곳저곳을 배회했습니다. 그러고 나서 시간을 낭비했다는 것을 인식하고 후회를 하며 눈물을 흘립니다. 그러나 담마의 길에서는 울어봤자 소용이 없습니다. 만일 여러분이 잘못했다면, 신뢰할 수 있는 연장자에게 말하십시오. 그리고 앞으로 그런 실수를 두 번 다시 하지 않도록 주의하겠다고 결심하십시오.

마지막으로 강한 적, 그것은 의심입니다. 이 수행을 지도하는 선생님 혹은 이 명상법 혹은 이 수행을 하는 자기 자신의 능력에 대한 의심입니다. 맹목적인 수용도 유익하지 않지만, 이치에 맞지 않는 끝없는 의심 또한 유익하지 않습니다. 의심에 사로잡혀 있는 한, 여러분은 이 길에서 한 걸음도 나아갈 수 없기 때문입니다. 만일 여러분에게 명료하지 않은 것이 있다면, 그것이 무엇이든 머뭇거리지 말고 선생님을 만나십시오. 만나서 그 문제를 상의하고 올바르게 이해하십시오. 가르침을 받은 대로 수행해 나간다면, 반드시 결과를 얻을 수 있습니다.

이 수행법은 마술이나 기적에 의해서가 아닌 자연의 법칙에 따른 것입니다. 자연의 법칙에 따라 수행하는 사람은 그 누구라도 반드시 괴로움으로부터 자유로워집니다. 이것이 가장 위대한 기적입니다.

붓다의 지도하에 수행했던 사람들뿐만 아니라 그 후대의 많은 사람 그리고 현대의 많은 사람, 수많은 사람이 이 수행법의 이익을 경험했습니다. 만일 여러분이 알아차림과 평정심을 가지고서 노력을 기울이며 올바르게 수행한다면, 과거에 쌓아놓은 불순물들은 반드시 마음 표면에 올라와서 사라져갈 것입니다. 여러분이 열심히 수행해 나간다면, 담마는 멋진 결과를 지금 여기에서 줄 것입니다. 그러므로 깊은 확신과 올바른 이해를 가지고 수행하십시오. 모든 괴로움으로부터 벗어나기 위해, 그리고 참된 평화를 맛보기 위해 이 기회를 잘 활용하십시오.

여러분이 참된 행복을 맛볼 수 있기를.

모든 존재가 행복하기를!

일곱째 날 강의

거친 감각만큼이나 중요한 미세한 감각들에 대한 평정심

지속적인 알아차림

다섯 친구: 믿음, 노력, 알아차림, 집중, 지혜

일곱째 날이 지났습니다. 수행할 수 있는 날이 사흘이 남아있습니다. 어떻게 수행해야만 하는지 이해하고, 열심히 그리고 지속적으로 노력하여 남아있는 날을 잘 활용하십시오.

이 수행법에는 두 가지 중요한 측면이 있습니다. 그것은 알아차림과 평정심입니다. 여러분은 신체 안에 나타나는 모든 감각에 대한 알아차림을 계발해야만 하고, 동시에 그 감각에 대해 평정심을 유지해야 합니다. 평정심을 유지하게 되면, 여러분은 조만간 이제까지 느낄 수 없었던 부분에서 자연스럽게 감각이 일어나기 시작하는 것을 발견할 것이고, 거칠고 딱딱하고 불쾌한 감각들이 미세한 진동으로 용해되기 시작하는 것을 알게 될 것입니다. 온몸에 걸쳐서 매우 유쾌한 에너지의 흐름을 경험하기 시작할 것입니다.

이 상황이 발생할 때의 위험은 여러분이 이 즐거운 감각의 경험을 수행의 목표로 착각한다는 것입니다. 사실 위빳사나를 수행하는 목적은 어떤 특정의 감각을 경험하기 위한 것이 아니라, 오히려 모든 감각을 향한 평정심을 계발하는 것입니다. 미세한 감각이든 거친 감각이든, 모든 감각은 계속 변화해 갑니다. 이 수행에서의 진보는 모든 감각에 대한 평정심으로만 측정할 수 있습니다.

몸 전체에 걸쳐서 미세한 진동의 자연스런 흐름을 경험한 뒤에도 다시 감각을 느낄 수 없는 부분이 생기거나 거친 감각이 떠오를 가능성이 있습니다. 이것들은 퇴보가 아니라 향상의 표시입니다. 여러분은 알아차림과 평정심을 계발함에 따라 자연스럽게 보다 깊은 무의식의 마음에 꿰뚫고 들어가서, 거기에 감추어진 불순물들을 들추어냅니다. 무의식 속에 깊이 잠재되어 있는 콤플렉스들이 있는 한, 그 콤플렉스들은 미래에 반드시 괴로움을 가져다줍니다. 그것들을 제거하는 유일한 방법은 그 콤플렉스들을 마음 표면에 떠올려 사라지게 하는 것입니다. 이처럼 뿌리 깊은 상카라saṅkhārā들이 마음 표면에 나타났을 때, 상카라 대부분은 신체 안에서 불쾌한 거친 감각, 느낄 수 없는 부분을 동반합니다. 그러나 만일 여러분이 반응하지 않고 계속 관찰해 나간다면, 상카라의 표출인 감각은 사라집니다.

거친 것이든 미세한 것이든 모든 감각은 무상이라는 공통의 특징을 가지고 있습니다. 거친 감각이 나타나는 경우, 잠시 동안 머무르는 듯이 보이지만 조만간 사라져 갑니다. 미세한 감각은 매우 재빠르게 일어났다가 사라집니다. 그러나 이 또한 무상이라는 공통의 특징을 지니고 있습니다. 어떤 감각도 영원하지 않습니다. 그러므로 여러분은 그 어떤 감각에 대해서도 편견과 편애를 갖지 말아야 합니다. 거칠고 불쾌한 감각이 일어날 때, 우울해하지 말고 관찰하십시오. 미세하고 유쾌한 감각이 일어날 때, 그것에 대해 집착하거나 우쭐해하지 말고 그것을 받아들이고 관찰하십시오. 여러분은 어떠한 경우라도 모든 감각의 무상한 본성을 이해해야 합니다. 그렇게 하면, 감각이 일어나고 사라질 때 미소 지을 수 있습니다.

자신의 삶을 진심으로 변화시키고자 한다면, 평정심은 신체 감각의 단계에서 실천되어야만 합니다. 감각은 매 순간 신체에 일어나고 있습니다. 보통 의식적 마음은 그것을 감지하지 못하나, 무의식적 마음은 감각을 느끼고 갈망이나 혐오로 그것에 반응합니다. 만일 마음이 육체 구조 안에서 일어나는 모든 것을 완전히 의식하고 동시에 평정심을 유지하도록 훈련받았다면, 오랫동안 맹목적으로 반응하던 습관은 깨져 갑니다. 어떤 상황에서도 평정심을 유지하는 것을 배움으로써 균형 있는 행복한 삶을 살 수 있습니다.

여러분은 자신에 대한 진리를 경험하기 위해, 이 현상이 어떻게 일어나는지 어떻게 고통을 만들어내는지를 경험하기 위해 여기에 왔습니다. 인간으로서의 현상에는 두 가지가 있습니다. 물질과 정신, 즉 몸과 마음입니다. 여러분은 이 양자를 경험해야만 합니다. 여러분은 몸에 일어나는 것을 알아차리지 않고서 몸을 실제로 경험할 수 없습니다. 이와 동일하게 마음에 떠오르는 것, 즉 생각을 떠나서 마음을 경험할 수 없습니다. 물질과 정신의 진리에 대한 경험이 깊어짐에 따라 마음에 무엇인가 일어날 때, 그것은 신체적 감각을 동반한다는 것이 명료하게 이해될 것입니다. 감각이야말로 몸과 마음의 실상을 경험하는 데 가장 중요한 지점이며, 감각은 반응이 시작되는 지점입니다. 자신에 대한 진리를 관찰하기 위해서 그리고 마음의 부정성이 일어남을 막기 위해서, 여러분은 감각을 알아차리며 가능한 한 지속적으로 평정심을 유지해야만 합니다.

이런 이유 때문에 남아있는 날들 동안 여러분은 명상 시간 내내 눈을 감고 지속적으로 수행해야 합니다. 쉬는 시간에도 감각에 대해 알아차리면서 평정심을 유지하려고 노력해야만 합니다. 걷거나 먹거나 마시거나 목욕하거나 하는 일상적 행동을 보통 때처럼 하십시오. 일부러 천천히 하지는 마십시오. 신체적 움직임을 알아차리고 그리고 가능하다면 동시에 움직임이 있는 그 부분 혹은 다른 부분에서의 감각에 대해서도 깨어있으십시오. 알아차림과 평정심을 유지하십시오.

이와 똑같이 잠자리에 들 때도 눈을 감고 몸 곳곳에서 일어나는 감각을 느끼십시오. 이 알아차림과 함께 잠에 떨어진다면 아침에 눈을 뜨자마자 자연스럽게 감각을 알아차리고 있을 것입니다. 아마 깊은 숙면을 취하지 못할 수도 있고, 밤새도록 완전히 깨어있을 수도 있습니다. 침실에 누워서 알아차림과 평정심을 유지한다면, 이것은 매우 훌륭합니다. 몸은 휴식을 받아들일 것입니다. 알아차림과 평정심을 유지하는 것보다 더 나은 마음의 휴식은 없습니다. 그러나 만일 불면증에 걸리는 것은 아닐까 하고 걱정한다면, 긴장이 생겨서 다음 날 피곤할 것입니다. 혹은 밤새도록 앉은 자세로 있으면서 강제로 깨어있으려고 해서는 안 됩니다. 그것은 극단으로 치닫는 것입니다. 잠이 온다면 주무십시오. 만일 잠이 오지 않는다면 누워서 몸을 쉬게 하고, 마음 또한 알아차림과 평정심으로 쉬도록 하십시오.

붓다는 "수행자가 한순간도 게으르지 않고 감각에 대해 알아차리고 평정심을 유지하면서 열심히 수행할 때, 이 사람은 감각을 완전하게 이해하면서 참된 지혜를 계발한다"라고 말했습니다. 수행자는 지혜가 부족한 사람이 어떻게 감각에 반응하며 괴로움을 쌓아가는지를 압니다. 수행자는 또한 감각의 무상한 본성을 이해한 사람이 어떻게 감각들에 반응하지 않으며 괴로움으로부터 벗어나는지를 압니다. 붓다는 계속해서 "감각을 완전하게 안 수행자는 물질과 정신을 초월한 상태인 닙바나nibbāna를 경험할 수 있다"라고 말했습니다. 고통이 지배적인 저열한 유형의 존재로 미래의 삶을 이끄는 가장 무거운 상카라들이 제거되지 않는 한, 닙바나를 경험할 수 없습니다. 다행히도 위빳사나 수행을 시작할 때, 먼저 떠오르는 것이 바로 그러한 상카라들입니다. 평정심을 유지하면, 그것은 사라져갑니다. 이러한 모든 상카라가 사라졌을 때, 그때 여러분은 자연스럽게 처음으로 닙바나를 경험하게 됩니다. 처음으로 닙바나를 경험하면, 사람은 완전히 바뀌고 미래의 삶에서 저열한 유형의 존재로 이끌어갈 행동을 더 이상 하지 않습니다. 조건 지어진 세계 어디에서든 미래의 삶으로 이끄는 상카라들이 제거될 때까지 점차 더 높은 단계로 나아갑니다. 그러한 사람은 완전히 해탈할 것입니다. 그래서 붓다는 "정신과 물질의 완전한 진리를 깨달은 후 죽었을 때, 그 사람은 조건 지어진 세계를 초월한다. 감각을 완전하게 이해했기 때문이다"라고 말했습니다.

여러분은 온몸의 감각에 대한 알아차림을 계발함으로써 이 길을 걷기 시작했습니다. 감각에 반응하지 않도록 주의를 기울인다면, 여러분은 머지않아 오래된 상카라들이 사라져가는 것을 발견할 것입니다. 거칠고 불쾌한 감각들에 대해 평정심을 유지함으로써 미세하고 유쾌한 감각을 경험하기 시작할 것입니다. 만일 평정심을 지속적으로 유지한다면, 머지않아 붓다가 묘사한 상태, 즉 신체 구조 안에서 일어나고 사라지는 현상만을 경험하는 상태에 이를 것입니다. 거칠고 딱딱한 감각이 모두 용해되어 온몸에 미세한 진동만이 있을 뿐입니다. 자연적으로 이 상태에서 희열을 느끼지만, 이 상태가 최종 목표는 아니며 희열에 집착해서는 안 됩니다. 거친 불순물 중의 몇몇은 제거되었지만 다른 불순물들인 상카라들이 여전히 마음 깊은 곳에 남아있습니다. 만일 여러분이 평정심을 가지고 계속 관찰해 나간다면 깊이 잠재되어 있던 상카라들이 올라와서 사라져갈 것입니다. 상카라들이 모두 사라졌을 때 '죽음이 없는 상태'를 경험할 것입니다. 그 상태는 정신과 물질 너머의 것으로, 일어남도 사라짐도 없는 말로 설명할 수 없는 닙바나의 상태입니다.

알아차림과 평정심을 계발하기 위해 올바르게 수행하는 사람은 누구든지 확실히 이 상태에 도달할 것입니다. 그런데 여러분 각자 스스로 닦지 않으면 안 됩니다.

이 수행의 길에 향상을 방해하는 다섯 가지의 장애, 다섯의 적이 있는 것처럼, 여러분을 응원하며 도와줄 유익한 마음의 다섯 가지 능력, 다섯 친구가 있습니다.

첫 번째 친구는 믿음·헌신·신뢰입니다. 믿음이 없다면, 항상 의심과 회의로 동요되어 있어서 수행은 불가능합니다. 그러나 믿음이 맹목적이라면, 이 믿음 또한 무서운 적입니다. 올바른 믿음이 무엇인지에 대한 식별력이 없다면, 그것은 맹목적인 믿음이 됩니다. 신이나 성자에 대한 믿음을 가질 수 있으나 그것이 타당한 이해를 가진 올바른 믿음이라면, 여러분은 신이나 성자가 지닌 훌륭한 특성을 자신 안에서도 계발하려고 하는 영감을 얻을 것입니다. 이러한 믿음은 의미 깊고 유익한 것입니다. 그러나 만일 여러분이 믿음의 대상인 그분의 특성을 자신 안에서 계발하려고 노력하지 않는다면, 그것이야말로 맹목적 믿음이며 해로운 것입니다.

예를 들어, 여러분이 붓다에 귀의할 때 여러분은 붓다의 특성을 기억해야 하며 자신 안에서 그 특성을 계발하려고 노력해야만 합니다. 붓다의 본질적인 특성은 깨달음입니다. 그러므로 귀의처는 실제로 자신 안에서 계발해야 할 그 깨달음에 있습니다. 여러분은 완전한 깨달음을 성취한 분들께 존경을 표합니다. 즉 어떤 특정한 종파나 사람에 구애받지 않고, 어디에라도 나타날 수 있는 깨달음의 자질에 중요성을 두는 것입니다. 붓다를 존경하는 것은 의례나 의식에 의해서가 아니라 그의 가르침을 실천함으로써 존경을 표하는 것입니다. 그리고 담마의 길 그 첫걸음인 실라sīla로부터 사마디samādhi, 빤냐paññā, 닙바나로 걸어감으로써 붓다에게 존경을 표하며 귀의하고 있는 것입니다.

붓다가 된 자는 누구라도 다음의 특성들을 가지고 있습니다. 그는 모든 갈망과 혐오와 무지를 제거했으며, 그의 적들, 즉 내면에 있는 모든 정신적 부정성을 멸했습니다. 그는 담마의 이론에서도, 담마의 실천에서도 완벽합니다. 자신이 실천한 것을 설하고, 자신이 설한 것을 실천합니다. 그래서 그의 말과 행동 사이에는 그 어떤 차이도 없습니다. 그가 걸은 모든 발걸음은 올바른 방향으로 나가는 올바른 걸음입니다. 그는 내면의 우주를 탐색하여 우주 전체의 모든 것을 알게 된 자입니다. 그는 사랑과 연민 그리고 타인과 함께 기뻐함이 넘치고, 헤매는 사람이 올바른 길을 찾도록 계속 도우며, 완전한 평정심으로 가득 차있습니다. 여러분이 최종 목표에 이르기 위해 자신 안에서 이러한 붓다의 특성들을 계발하려고 노력한다면, 이것이 바로 붓다에 귀의한다는 의미입니다.

이와 똑같이 담마에 귀의한다는 것은 종파와 아무런 관계가 없습니다. 담마에 귀의한다는 것은 어느 조직화된 종교에서 다른 종교로 바꾸는 것이 아닙니다. 담마에 귀의한다는 것은 실제로 도덕에, 자기 마음의 통제력에, 지혜에 귀의하는 것입니다. 어떤 가르침이 담마가 되기 위해서는 특별한 자질을 가져야만 합니다. 첫째, 담마는 누구라도 이해할 수 있도록 분명하게 설명되어야만 합니다. 둘째, 담마는 자신의 눈으로 보아야만 하는 것이며, 상상이 아니라 자신 안에서 직접적으로 경험된 실제여야 합니다. 닙바나의 진리마저도 자신이 체험할 때까지 받아들여서는 안 됩니다. 셋째, 담마는 미래에 즐길 수 있는 이익을 단지 약속하는 것이 아니라, 지금 그리고 여기에 유익한 결과를 주어야 합니다. 넷째, 담마는 '와서 보라'라는 특성을 가지고 있습니다. 자신 스스로 보고 자신이 시험해 보되, 맹목적으로 받아들이지 말라는 것입니다. 담마를 수행해서 담마의 유익함을 경험했다면, 타인들에게 '와서 보시오'라고 하며 그들을 돕고 격려하는 데 반대할 수가 없습니다. 다섯째, 담마는 그 길에서 걷는 모든 걸음이 최종 목표에 가까이 가도록 이끕니다. 그 어떤 노력도 헛되지 않습니다. 처음이나 중간이나 끝이나 늘 이로움을 줍니다. 마지막으로 지성이 있는 보통 사람이라면, 그가 어떤 배경을 가졌든지 간에 그것을 실천하고 그 이로움을 경험할 수 있습니다. 담마에 대한 이해를 가지고 담마에 귀의하여 수행하기 시작한다면, 그 사람의 귀의는 진정한 귀의가 됩니다.

이와 동일하게 상가saṅgha에 대한 귀의도 특정 종파와 관계가 없습니다. 실라, 사마디, 빤냐의 길을 걸어갔던 사람들, 그리고 적어도 해탈의 처음 단계에 도달하여 성자가 된 분이 상가입니다. 남성이든 여성이든, 어떤 외모를 지녔든, 어떤 피부색이든, 어떤 배경을 지녔든지 간에 거기에는 아무런 차이가 없습니다. 만일 여러분이 그러한 사람을 보고 고무되어서 동일한 목표에 이르기 위해 스스로 노력한다면, 이것이 상가에 귀의한다는 의미이며, 이것이 올바른 믿음입니다.

두 번째 친구는 노력입니다. 믿음처럼 이 노력 또한 맹목적이어서는 안 됩니다. 그렇지 않으면 잘못된 방법으로 수행하거나 예상된 결과를 얻지 못할 위험이 있습니다. 노력은 어떻게 수행해야 하는가에 대한 올바른 이해가 있어야 합니다. 올바른 이해를 가진 노력만이 여러분의 향상을 도울 것입니다.

또 다른 친구는 알아차림입니다. 알아차림은 현재 이 순간의 실상에 대한 알아차림입니다. 과거를 알아차릴 수는 없습니다. 여러분은 과거를 기억할 수 있을 뿐입니다. 미래를 알아차릴 수 없습니다. 여러분은 미래에 대한 기대나 열망만을 가질 뿐입니다. 여러분은 현재 이 순간 자신 안에 나타나는 실상을 자각할 수 있는 능력을 계발해야 합니다.

다음 친구는 집중입니다. 집중은 끊어짐 없이 매 순간마다 실상에 대한 알아차림을 계속 유지하는 것입니다. 집중은 모든 상상, 갈망, 혐오로부터 벗어나 있어야 합니다. 그 어떤 상상이나 갈망이나 혐오가 없을 때, 그때의 집중이 올바른 집중입니다.

다섯 번째 친구는 지혜입니다. 법문을 듣거나 책을 읽거나 지적인 이해를 통해 얻은 지혜가 아닙니다. 경험을 통해 자신 안에서 지혜를 계발해야만 합니다. 경험적 지혜만이 해탈로 인도하기 때문입니다. 그리고 참된 경험적 지혜란 신체적 감각에 뿌리를 두어야만 합니다. 여러분은 감각의 무상한 본성을 이해하면서 감각에 대한 평정심을 유지하십시오. 이것은 마음속 깊은 곳의 평정심입니다. 이런 평정심은 일상생활의 모든 흥망성쇠 속에서도 균형 잡힌 마음을 가질 수 있게 합니다.

위빳사나 수행은 자신 안에서 균형 잡힌 마음을 유지하면서 세간의 책임들을 완수하고 자신의 행복과 평화뿐만 아니라 타인들이 평화롭고 행복하게 살도록 돕는 것, 바른 생활방식으로 살아가도록 해주는 것을 목적으로 하고 있습니다. 여러분이 만일 이 다섯 가지 능력을 강하게 지킨다면, 삶의 기술을 자신 안에서 완성하여 행복하고 건강하게 훌륭한 인생을 보낼 것입니다.

자신과 많은 사람의 선과 유익함을 위해서 담마의 길에 나아가십시오.

고통받는 모든 존재가 순수한 담마와 만나 괴로움으로부터 벗어나 참된 행복을 누리기를.

모든 존재가 행복하기를!

여덟째 날 강의

증가의 법칙과 그 반대인 소멸의 법칙

평정심은 최선의 복락

참된 행위의 삶을 살게 하는 평정심

행복한 미래를 보장하는 평정심의 유지

여덟째 날이 지났습니다. 이제 이틀이 남았습니다. 남은 날 동안 수행법을 올바르게 이해하고 있는지 보십시오. 그래야 여러분은 여기서 제대로 수행할 수 있으며, 일상생활에서 이것을 적용할 수 있습니다. 담마가 무엇인지 이해하십시오. 그것은 본성·진리·보편적 법칙입니다.

지속적으로 증가하는 과정이 있고, 소멸하는 과정도

있습니다. 이것을 잘 표현하는 구절이 있습니다.

> 모든 상카라saṅkhārā는 무상하며,
> 본성에 의해서 일어나고 사라진다.
> 만일 그것들이 일어나서 사라진다면,
> 그것들의 소멸은 참된 행복을 가져온다.

모든 상카라, 조건에 의해 만들어진 것은 무상하여 일어나서 사라지는 본성을 지니고 있습니다. 상카라는 사라지지만 다음 순간에 다시 일어납니다. 이것이 상카라의 증가입니다. 지혜를 계발하고 객관적으로 관찰하기 시작하면, 증가의 과정은 멈추고 소멸의 과정이 시작됩니다. 상카라가 일어나지만 수행자가 평정심을 유지한다면, 그 상카라는 모든 힘을 잃고 사라져갑니다. 평정심을 유지한다면 겹겹이 축적되어 있던 오래된 상카라가 표면으로 떠올라 와서 사라져갈 것입니다. 상카라들이 제거되는 만큼 그만큼의 큰 행복을 맛볼 수 있으며, 괴로움으로부터 벗어나 행복을 누릴 수 있습니다. 만일 과거의 모든 상카라가 소멸된다면, 완전한 자유라는 무한한 행복을 누리게 됩니다.

마음의 오래된 습관, 그것은 반응하는 것이며 반응을 증식시키는 것입니다. 원치 않는 무엇인가가 일어나면 혐오라는 상카라를 일으킵니다. 혐오라는 상카라가 마음 속에 일어날 때, 그때 혐오라는 그 상카라는 불쾌한 신체 감각을 동반합니다. 그러면 그다음 찰나에 반응이라는 오래된 습관 때문에 다시 혐오를 일으킵니다. 혐오는 사실 불쾌한 신체 감각을 향했던 것입니다. 화를 일으키는 외부자극은 이차적인 것입니다. 즉 반응은 사실 자신 안에서 일어난 감각에 대한 반응입니다. 불쾌한 감각에 대해 혐오로 반응을 하고, 그 혐오라는 반응은 또 다른 불쾌한 감각을 만들며, 다시 이 불쾌한 감각 때문에 혐오로 반응합니다. 이러한 방식으로 증식의 과정이 시작됩니다. 그러나 만일 여러분이 감각에 대해 반응하지 않고 그 대신 미소를 지으며 감각의 무상한 성질을 이해한다면, 그때 여러분은 새로운 상카라를 만들어내지 않게 되며, 이미 생긴 상카라도 증식하지 않고 사라져갈 것입니다. 다음 순간, 동일한 유형의 다른 상카라가 마음 깊은 곳에서 떠오를 것입니다. 이때도 평정심을 유지한다면 그 상카라 또한 사라져갈 것입니다. 이 소멸의 과정이 시작되었습니다.

자신 안에서 관찰되는 과정은 외부세계에서도 나타납니다. 예를 들어, 어떤 사람이 반얀나무의 씨앗을 심었다고 합시다. 작은 씨앗은 커다란 나무로 자랍니다. 이 나무가 살아있는 한, 해마다 무수히 많은 열매를 맺습니다. 심지어 그 나무가 죽은 후에도 이 과정은 계속됩니다. 나무가 맺은 모든 열매는 원래 나무의 씨앗과 동일한 성질을 지닌 하나의 씨앗 혹은 무수한 씨앗을 가지고 있기 때문입니다. 여러분이 이 씨앗 중의 하나를 비옥한 땅에 심으면, 그 씨앗은 싹을 틔워서 씨앗을 가진, 무수히 많은 열매를 맺을 다른 나무로 자랄 것입니다. 열매와 씨앗, 씨앗과 열매, 이것이 끝없는 증가의 과정입니다. 이와 같은 방식으로 여러분은 무지 때문에 상카라라는 씨앗을 심습니다. 이 씨앗은 소만간 틀림없이 동일한 유형의 씨앗을 품은 상카라라고 부르는 열매를 맺을 것입니다. 만일 여러분이 이 씨앗을 비옥한 땅에 심으면, 씨앗은 새로운 상카라로 발아해서 고통을 증가시킵니다. 그러나 만일 씨앗을 돌과 같은 땅에 심으면, 씨앗은 싹을 틔우지 못합니다. 거기에서는 아무것도 자랄 수 없습니다. 증가의 과정은 멈추고, 자동적으로 반대의 과정인 소멸의 과정이 시작됩니다.

이 과정이 어떻게 작용하는지를 이해하십시오. 생명의 흐름, 물질과 마음의 흐름을 지속시키기 위해 얼마간의 연료가 필요하다고 설명했습니다. 육체를 위한 연료는 여러분이 살고 있는 환경과 먹는 음식입니다. 하루 정도 음식을 먹지 않아도 물질의 흐름이 즉시 멈추진 않습니다. 신체에 축적되어 있는 오래된 에너지를 소모하면서 살아가기 때문입니다. 축적된 모든 에너지가 소모되었을 때에만 그 흐름이 멈추고 육체는 죽을 것입니다.

몸은 하루에 두세 번의 음식을 필요로 하지만, 마음의 흐름은 항상 연료를 필요로 합니다. 정신적 연료가 상카라입니다. 여러분이 일으키는 매 순간의 상카라는 의식의 흐름을 유지시키는 원인입니다. 다음 찰나에 떠오르는 마음은 이 순간 상카라의 생산물입니다. 매 순간 상카라라고 하는 연료를 주어 의식의 흐름이 이어집니다. 어느 순간에 새로운 상카라를 일으키지 않더라도 그 흐름이 즉시 멈추지는 않습니다. 그 대신 의식의 흐름은 과거에 축적된 상카라들을 불러일으킵니다. 오래된 상카라는 그 열매를 맺게 하고, 마음의 흐름을 유지하기 위해 마음의 표면 위로 올라옵니다. 요컨대 오래된 상카라는 신체 감각으로 나타날 것입니다. 바로 그때, 여러분이 그 감각에 반응한다면 새로운 상카라가 다시 만들어지기 시작하여 새로운 괴로움의 씨앗을 심게 될 것입니다. 그러나 만일 여러분이 평정심을 가지고 감각을 관찰한다면, 그 상카라는 힘을 잃고 사라져갈 것입니다. 그리고 또 그다음 찰나에 또 다른 오래된 상카라가 마음의 흐름을 유지하기 위해 떠오릅니다. 다시 이 감각에 반응하지 않는다면 그 상카라는 사라져갑니다. 알아차림과 평정심을 유지하는 한, 겹겹이 축적된 오래된 상카라는 마음의 표면으로 떠올라 와서 사라져갑니다.

여러분은 위빳사나 수행을 통해 몸소 이 과정을 경험해야만 합니다. 오래된 습관과 오래된 고통이 사라져가는 것을 볼 때에만 소멸의 과정이 어떻게 작용하는지를 알게 됩니다.

이와 유사한 기술이 근대의 금속공학에서도 볼 수 있습니다. 어떤 금속을 정화하고 그것을 완벽하게 순화하기 위해서는 10억 중 하나의 이물질분자조차도 제거할 필요가 있습니다. 그 방법은 다음과 같습니다. 주조할 어떤 금속을 막대모양으로 만듭니다. 그리고 이미 완전히 순화된 똑같은 금속으로 링을 만듭니다. 링이 막대기를 통과하면서 막대기의 끝부분에서 모든 불순물이 빠져나오게 하는 자석의 힘을 일으킵니다. 동시에 금속막대기를 이루고 있는 모든 분자는 정렬되고 유연해지며, 펴서 늘릴 수 있어 다루기 쉽게 됩니다. 이와 똑같이 위빳사나 수행도 순수한 알아차림의 링을 신체로 통과시켜 어떤 불순물이라도 녹여내는 유사한 효과를 가진 것으로 간주할 수 있습니다.

평정심과 알아차림은 마음의 정화로 이끌어갑니다. 수행의 과정에서 무엇을 경험하든, 유쾌함이나 불쾌함은 중요하지 않습니다. 중요한 것은 갈망과 혐오로 반응을 하지 않는 것입니다. 갈망과 혐오는 오직 괴로움만을 만들어낼 뿐이기 때문입니다. 수행의 향상을 측정할 수 있는 유일한 척도는 여러분이 계발했던 평정심입니다. 마음 깊은 곳의 불순물을 제거하기 위해서는 신체 감각의 차원에서 평정심을 계발해야 합니다. 감각에 대한 알아차림과 그에 대한 평정심의 유지를 배우면, 내면에서뿐만 아니라 외적 상황에 대해서도 쉽게 균형을 유지하게 됩니다.

어느 한때 붓다는 참된 행복이 무엇인지에 대한 질문을 받았습니다. 그는 "최상의 행복이란 삶에서 다양한 흥망성쇠를 마주함에도 마음의 균형을 유지하는 능력"

이라고 대답했습니다. 여러분은 삶에서 즐겁거나 고통에 찬 상황들, 실패나 승리, 이익이나 손실, 칭찬이나 비난을 만납니다. 누구라도 이런 모든 상황을 틀림없이 만나게 됩니다. 그러나 그 어떤 상황에 놓여도 마음에서 우러나오는 진짜 미소를 지을 수 있습니까? 만일 여러분이 마음의 깊은 차원에서 이 평정심을 유지할 수 있다면, 여러분은 참으로 행복한 사람입니다.

평정심이 마음의 표면적 상태에서만 유지된다면, 이 평정심은 일상생활에 조금도 도움이 되지 않습니다. 이것은 마치 자신이 휘발유통을 품고 다니는 것과 같습니다. 과거 상카라의 한 열매에 불꽃이 일어나면 곧바로 굉장한 폭발이 발생할 것입니다. 미래에 수많은 불꽃, 수많은 고통을 초래할 더 많은 불꽃과 더 많은 상카라를 만들어냅니다. 그러나 위빳사나 수행을 통해 여러분은 연료통을 점차적으로 비워가고 있습니다. 자신의 과거 상카라 때문에 불꽃은 여전히 일어납니다. 그러나 불꽃이 일어날 때 불꽃은 자신이 가지고 온 연료만을 태울 것입니다. 왜냐하면 새로운 연료가 주어지지 않았기 때문입니다. 불꽃은 자신이 가지고 있는 연료를 소모할 때까지만 타고 곧 꺼집니다. 수행이 좀 더 향상되어 가면 자연스럽게 마음에 사랑과 연민의 차가운 물이 솟기 시작하여 그 탱크가 이 사랑과 연민의 물로 가득 넘치게 될 것입니다. 그때는 불꽃이 일어나자마자 곧 꺼질 겁니다. 불꽃은 자신이 가지고 있는 소량의 연료조차도 태울 수 없게 됩니다.

여러분은 이것을 머리로 이해할 수 있습니다. 화재가 났을 때 소화용수를 준비해야 하는 것을 압니다. 그러나 정작 실제로 불이 났을 때는 연료펌프를 열어서 대형화재를 일으킵니다. 그러고 나서 실수를 깨달으나, 다시 불이 나도 여전히 반복합니다. 왜냐하면 피상적 지혜만을 가지고 있기 때문입니다. 만일 누군가가 마음 깊은 곳에서 참된 지혜를 가지고 있다면, 화재가 났을 때 석유는 불을 키운다는 것을 알고 그 불을 향해 석유통을 던지지 않을 것입니다. 그 대신 자신도 돕고 타인까지도 돕는 사랑과 연민이 가득 찬 차가운 물을 던질 것입니다.

지혜는 감각 차원에서 존재해야 합니다. 만일 여러분이 어떤 상황을 만나더라도 감각에 대한 알아차림과 평정심을 유지하려고 훈련한다면, 여러분을 전복시킬 수 있는 것은 아무것도 없습니다. 몇 초 동안 반응하지 않고 관찰만 할 것입니다. 그때 균형 잡힌 평정심으로 어떻게 행동할지를 결정합니다. 그리고 그 올바르고 긍정적인 행동은 틀림없이 타인을 도울 것입니다. 균형 잡힌 마음으로 행동했기 때문입니다.

때때로 일상생활에서 강한 행동이 필요한 경우도 있습니다. 우리는 누군가에게 예의 바르고 정중하게 미소 지으며 설명하려고 노력해야 합니다만 어떤 사람은 단지 거친 말과 행동만을 이해하기 때문에, 그럴 경우에는 강한 언어적 또는 신체적 행동이 필요합니다. 그러나 그렇게 행동하기 전에 자신 안에 마음의 균형이 있는지, 그 사람에 대한 사랑과 연민만을 품고 있는지를 점검해 볼 필요가 있습니다. 만일 여러분이 상대에 대해 그런 마음을 가지고 있다면, 그 행동은 도움이 될 겁니다. 만일 그렇지 않다면, 그 행동은 누구에게도 도움이 되지 않습니다. 올바르지 못한 사람을 바르게 하도록 돕기 위해서는 때로 강한 행동이 필요합니다. 사랑과 연민을 가지고 이런 행동을 한다면 그 결과가 잘못될 수가 없습니다.

위빳사나 수행자는 누군가 어떤 사람에게 해를 끼칠 경우, 가해자와 피해자 모두에게 연민을 가지면서 가해자와 피해자를 분리해서 생각할 것입니다. 수행자는 가해자가 자신에게 어떤 해로움을 끼치고 있는지 모른다는 것을 알기 때문입니다. 이것을 이해하면서 수행자는 가해자가 미래에 고통을 야기할 행위를 다시 하지 않도록 돕고자 노력할 것입니다.

그러나 여러분은 그런 일이 발생한 뒤에 행동들을 정당화하지 않도록 주의해야 합니다. 행동하기 전에 마음을 점검해야만 합니다. 마음이 불순물로 넘치고 있다면, 여러분은 어느 누구도 도울 수 없습니다. 타인의 결점을 고치려 하기 전에 먼저 자신의 허물을 개선해야만 합니다. 먼저 자신에 대한 관찰을 통해 자신의 마음을 정화하지 않으면 안 됩니다. 그래야만 타인을 진정으로 도울 수 있습니다.

붓다는 이 세상에 네 부류의 사람이 있다고 말했습니다. 어둠에서 어둠을 향해가는 사람들, 밝음에서 어둠을 향해가는 사람, 어둠에서 밝음을 향해가는 사람, 밝음에서 밝음을 향해가는 사람이 있습니다.

첫 번째 부류의 사람에게는 어디서든 어둠과 불행만이 있습니다. 그러나 그 사람의 가장 큰 불행은 지혜를 가지고 있지 않다는 점입니다. 그 사람은 괴로움을 만날 때마다 화와 증오와 반감을 점점 더 일으키며, 타인들에게까지 자기 고통을 전파합니다. 화와 증오의 모든 상카라는 그에게 미래에 더 많은 고통과 어둠만을 가져다줄 것입니다.

두 번째 부류의 사람은 세상살이에서 돈과 지위와 권력 등 밝음이라는 것을 가지고 있지만, 역시 지혜는 없습니다. 무지 때문에, 자만심으로 생기는 긴장이 미래에 어둠만을 가져다준다는 것을 이해하지 못한 채 자기중심적 상황을 키워나갑니다.

세 번째 부류의 사람은 어둠에 쌓여있는 첫 번째 부류와 같은 상태에 있습니다. 그러나 지혜를 가지고 있으며, 상황을 이해하고 있습니다. 그는 자신의 고통에 대한 궁극적 책임이 자신에게 있다는 것을 이해하면서 고요하고 평화롭게 이 상황을 바꾸기 위해 노력합니다. 타인을 향한 그 어떤 성냄과 증오를 가지지 않지 않고, 오히려 그에게 해를 끼치고 있는 사람들을 향해 사랑과 연민의 마음만을 가집니다. 미래에 밝음만이 있을 뿐입니다.

마지막으로 네 번째 부류의 사람은 두 번째 부류의 사람처럼 돈과 지위와 권력도 있습니다만, 두 번째 그룹과 달리 이들에게는 지혜가 있습니다. 자신과 자신의 가족을 건사하기 위해 자신이 가지고 있는 것을 쓰며, 나머지는 사랑과 연민을 가지고 타인의 선을 위해 씁니다. 현재도 밝을 뿐 아니라 미래 또한 밝습니다.

여러분은 지금 어둠에 처할지 혹은 밝음에 처할지 선택할 수는 없습니다. 현재는 자신의 과거 상카라들에 의해 결정되었기 때문입니다. 과거는 바꿀 수 없지만, 현재는 자신이 자신의 주인이 됨으로써 바꿀 수 있습니다. 그리고 미래는 과거에 현재를 더한 것뿐입니다. 위빳사나는 감각에 대한 평정심과 알아차림의 계발에 의해 어떻게 자신의 주인이 되는지를 가르치고 있습니다. 만일 여러분이 매 순간마다 주인이 되는 기술을 계발해 나간다면, 미래는 저절로 밝게 될 것입니다.

현재 이 순간의 주인이 되도록, 자신의 주인이 되도록 남은 이틀을 잘 활용하십시오. 모든 고통으로부터 벗어나기 위해, 지금 여기에서 참된 행복을 누리며 담마 안에서 성장하십시오.

모든 존재가 행복하기를!

아홉째 날 강의

일상생활에서 수행법의 적용

열 가지 빠라미pāramī

아홉째 날이 끝났습니다. 이제 일상생활에서 이 수행을 어떻게 적용해 나가야 하는가를 이야기할 시간입니다. 이것이 아주 중요합니다. 담마는 삶의 기술입니다. 만일 여러분이 일상생활에서 이 수행법을 활용할 수 없다면, 이 수행 코스에 참가하는 것은 의례나 의식을 행하는 것과 다를 바가 없습니다.

누구나 일상에서 원하지 않는 상황과 직면합니다. 무엇인가 원하지 않은 일들이 일어날 때마다 마음의 균형을 잃고 부정성을 일으키기 시작합니다. 부정성이 마음에 일어날 때 마음은 괴로워지기 시작합니다. 어떻게 하면 부정성을 일으키지 않고 긴장을 일으키지 않을까요? 어떻게 하면 평화롭고 조화로운 마음의 상태를 유지할 수 있을까요?

자신 내부의 마음과 물질의 실상을 탐구했던 현자들은 어떤 문제의 해결 방법을 찾기도 했습니다. 그 방법은 어떤 이유에서든지 마음에 부정성을 떠오를 때, 주의를 다른 곳으로 돌리는 것입니다. 예를 들면, 아침에 일어나서 물을 마시거나 숫자를 세거나 헌신하는 신들과 성현의 이름을 암송하기 시작하는 것입니다. 이렇게 주의를 다른 곳으로 돌림으로써 부정성으로부터 어느 정도 벗어날 수 있습니다.

이러한 방법이 해결책처럼 보입니다. 그러나 내적 진리를 탐구한 또 다른 사람들은 실상의 깊은 차원, 궁극의 진리에 도달했습니다. 깨달은 사람들은 주의를 다른 곳으로 돌림으로써 의식 차원에서 평화와 조화의 층을 만들어낼 수 있으나, 마음속에 떠오른 부정성은 제거할 수 없다는 것을 깨달았습니다. 주의를 다른 곳으로 돌리는 것은 떠오른 부정성을 억제하는 것일 뿐입니다. 무의식 차원에서는 부정성을 계속 증식하며 강하게 축척해 나갑니다. 쉬고 있던 화산이 분출되듯, 조만간 부정성이 마음을 전복시킬 것입니다. 무의식 차원에서 부정성이 마음에 남아있는 한, 주의를 다른 곳으로 돌리는 해결 방법은 부분적이고 일시적인 것에 불과합니다.

완전한 깨달음을 성취한 사람은 진정한 해결 방법을 발견했습니다. 그것은 문제로부터 도망가지 않는 것, 문제와 직면하는 것입니다. 즉 마음에 불순물이 떠오를 때마다 그것을 관찰하는 방법입니다. 관찰함으로써 그것을 억누르지도 않고, 또 해로운 언어적·신체적 행위로 표현할 수 있는 자유를 허용하지 않는 것입니다. 억압과 방종의 양극단 사이에 중도가 놓여있습니다. 그것은 단지 관찰하는 것입니다. 관찰하기 시작할 때, 부정성은 힘을 잃고 마음을 전복시키지 않은 채 사라져갑니다. 그뿐만 아니라, 오래전에 쌓아놓았던 그런 유형의 부정성도 얼마간은 제거될 것입니다. 의식적 차원에서 불순물이 일어날 때마다 여러분 자신이 오래전부터 쌓아놓았던 동일한 유형의 불순물이 무의식으로부터 떠올라 현재의 부정성과 연결되고 증가하기 시작합니다. 같은 원리로 여러분이 관찰만 하면 현재의 부정성뿐만 아니라 예전에 쌓아두었던 부정성의 일부도 제거될 것입니다. 이처럼 불순물은 점차적으로 제거되어 고통으로부터 자유로워집니다.

그러나 보통의 사람이 정신적 불순물을 관찰하는 것은 쉽지 않습니다. 불순물이 언제 일어나는지, 어떻게 마음을 전복시키는지를 알지 못합니다. 정신적 불순물이 의식의 차원에 나타날 때에는 그것이 너무나 강해져 있어서 반응하지 않고 관찰할 수가 없게 되어있습니다. 관찰하려고 노력할지라도 화·두려움·욕정 등 마음의 추상적 부정성을 관찰하는 것은 매우 어렵습니다. 그 대신 여러분의 의식은 불순물을 일으키는 외적 자극으로 끌려가 버립니다. 그래서 불순물을 증대할 뿐입니다.

그러나 깨달은 자들은 불순물이 마음에 떠오를 때 동시에 몸에서도 두 가지 변화가 나타나기 시작한다는 것을 발견했습니다. 그 두 가지 변화란 호흡이 비정상적으로 된다는 것과 생화학적 반응으로서의 감각이 육체 안에서 일어난다는 것입니다. 그것에 의해 실제적인 해결방법이 발견되었습니다. 마음속의 추상적 불순물들을 관찰하는 것은 매우 어렵습니다. 그러나 수행을 통해, 불순물의 신체적 표현들인 호흡과 감각을 관찰하는 것은 곧 배울 수가 있습니다. 불순물의 신체적 표현인 호흡과 감각의 측면에서 불순물을 관찰함으로써 불순물이 그 어떤 해로움을 일으키지 않고 일어나 사라지게 하는 것입니다. 그러면 불순물로부터 자유로워집니다.

이 수행법을 숙지하는 데는 시간이 걸립니다. 그러나 일단 실천을 해나가면, 지금까지 부정성을 지닌 마음으로만 반응했던 외부 상황에 대해 균형 잡힌 마음 상태를 유지할 수 있게 되는 것을 발견할 것입니다. 설사 반응한다 할지라도 반응은 이전만큼 격렬하거나 오래 끌지 않을 것입니다. 가장 화나는 상황에 놓여있을지라도 호흡과 감각에 의해 주어진 경고에 유념하여 아주 짧은 시간 동안 감각과 호흡을 관찰할 수 있게 될 것입니다. 아주 짧은 시간의 자기관찰은 외적인 자극과 그에 대한 내적 반응 사이의 충격흡수장치로서 작용을 합니다. 맹목적으로 반응하는 대신에, 마음은 균형을 유지하여 자신과 타인에게 도움을 줄 수 있는 긍정적인 태도를 취할 수 있게 됩니다.

여러분은 자신 내부에서 일어나는 감각을 관찰함으로써 마음의 불순물을 제거하고, 마음의 습관적 경향을 바꾸는 첫발을 내딛었습니다.

사람은 태어날 때부터 항상 외부를 보도록 길들여져

왔습니다. 자기를 관찰하지 않기 때문에 자신 문제의 핵심에 다가갈 수 없었습니다. 그 대신에 자신의 불행의 원인을 외부에서 찾았으며, 항상 자신의 불행도 남의 탓으로 돌렸습니다. 여러분은 왜곡되게 볼 수밖에 없는 부분적 견해인 하나의 관점으로만 사물을 봅니다. 그리고서 이 관점을 완전한 진리라고 이해합니다. 이처럼 불완전한 정보로 된 결정은 자신이나 타인에게 해를 끼칠 뿐입니다. 진리의 전체를 보기 위해 여러분은 하나가 아닌, 보다 다양한 관점에서 사물을 보아야 합니다. 이것이 위빳사나 수행을 통해 여러분이 배워야 하는 것입니다. 즉 외부뿐만 아니라 내부의 실상까지 보는 것을 배우는 것입니다.

하나의 관점만으로 볼 경우, 자신의 고통이 타인과 외부 상황에 의해 초래된다고 생각합니다. 그래서 자신의 모든 에너지를 타인과 외부 상황을 바꾸는 데 바칩니다. 그러나 사실 이것은 헛된 노력입니다. 자신 내부의 실상을 관찰하는 것을 배운 사람들은 불행과 행복의 책임이 자신에게 있다는 것을 알게 됩니다. 예를 들어, 어떤 사람이 다른 누군가에 의해 욕을 먹어 불쾌해졌다고 합시다. 이 사람은 자신에게 욕설을 하여 불쾌하게 만든 그 사람을 비난합니다. 그러나 실제로 욕한 사람은 자신 마음을 더럽혀서 자신을 고통스럽게 만들고 있는 것입니다. 욕먹은 사람도 그 욕에 반응했을 때, 즉 자신의 마음을 오염시키기 시작할 때 스스로 자신의 고통을 만들어내고 있는 것입니다. 누구나 자신의 고통에 대해 책임이 있습니다. 다른 사람에게 책임이 있지 않습니다. 여러분이 이 진리를 자신 안에서 체험했을 때, 타인의 잘못을 찾아내려는 어리석은 짓은 하지 않게 됩니다.

그럼, 사람들은 무엇에 대해서 반응하는 것일까요? 외부 대상이 아닌 자신이 만든 이미지에 대해 반응하는 것입니다. 여러분이 누군가를 보았을 때 그 사람에 대한 인상은 여러분 자신의 과거 조건에 의해 채색된 인상입니다. 오래된 상카라들은 새로운 상황 속에서도 자신의 지각에 영향을 끼칩니다. 사실 이 조건 지어진 지각 때문에 신체적 감각은 유쾌하거나 불쾌하게 됩니다. 여러분은 감각의 종류에 따라 새로운 반응을 일으킵니다. 마음의 이러한 반응 과정들은 오래된 상카라들에 의해 조건지어집니다. 그러나 만일 감각에 대한 알아차림과 평정심을 유지한다면, 맹목적 반응의 습관은 점차 약화되어 갈 것입니다. 그러면 여러분은 있는 그대로의 실상을 보게 될 것입니다.

다양한 관점에서 사물을 보는 능력이 계발되면, 타인이 욕을 하거나 무례한 행동을 할 때 '이 사람은 자신이 고통스럽기 때문에 이런 무례한 행동을 하고 있구나'라는 이해가 생깁니다. 이러한 이해가 있다면, 부정적인 마음을 가지고 반응할 수 없게 됩니다. 도리어 어머니가 아픈 아이를 가엽게 여기는 것처럼, 그 고통스런 사람에게 사랑과 연민만을 느끼게 될 것입니다. 그리고 고통으로부터 벗어나도록 도와주고 싶다는 의지가 일어날 것입니다. 그래야 평화스럽고 행복한 마음이 유지되어 타인들도 평화롭고 행복한 마음이 되도록 도울 수 있습니다. 이것이 담마dhamma가 지향하는 목적입니다. 즉 이것은 삶의 기술을 실천하는 것이고, 정신적 부정성을 제거하는 것이며, 자신의 선과 타인의 선을 위해 좋은 특질들을 계발하는 것입니다.

빠라미pāramī, 즉 공덕이라고 불리는 마음의 훌륭한 특성 열 가지가 있습니다. 이것은 여러분이 최종 목표에 이르기 위해 완성해야만 하는 것입니다. 여기서 목표란 완전하게 에고가 없어진 상태를 말합니다. 이들 열 가지 빠라미는 점차적으로 에고를 소멸시켜서 해탈에 가까이 가도록 이끌어주는 덕목입니다. 여러분은 위빳사나 수행 코스에서 이 열 가지 특성을 계발할 수 있는 기회를 가지게 되었습니다.

첫 번째 빠라미는 넥캄마nekkhamma, 즉 포기의 공덕입니다. 비구나 비구니가 된 사람은 가정생활을 포기하고 일상의 식사조차 탁발에 의존하면서 사적인 그 어떤 소유물 없이 생활합니다. 이것은 에고를 소멸시키려는 목적을 가지고 있습니다. 재가자는 이 덕을 어떻게 키울 수 있을까요? 이런 수행 코스에 참가하면 그렇게 할 수 있는 기회를 가지게 됩니다. 왜냐하면 코스에 참가했을 때는 다른 사람의 기부로 생활하기 때문입니다. 이 명상센터에서 제공되는 음식, 숙박시설, 그 외의 설비 등 무엇이나 받아들이면서 차차 포기의 덕목을 계발합니다. 여기에서 받은 것은 무엇이든 최대한 활용해야 합니다. 자신을 위해서뿐만 아니라, 여러분을 대신하여 기부한 모르는 분들을 위해서 마음을 정화하도록 열심히 노력해야 합니다.

두 번째 빠라미는 실라sīla, 즉 계율의 공덕입니다. 일상생활에서나 이 코스에 참가하는 동안에는 항상 다섯 가지 계율을 지킴으로써 이 빠라미를 계발하도록 노력합니다. 일상생활에서는 이 실라의 실천을 어렵게 만드는 많은 장애가 있습니다. 그러나 이 수행 코스에 참가하는 동안에는 꽉 짜인 일정과 규율 때문에 이 계율을 깰 기회조차 주어지지 않습니다. 그러나 말에서만은 엄격한 계율의 규칙을 벗어날 가능성이 있습니다. 이러한 이유에서 이 코스의 9일 동안은 침묵 서약을 합니다. 이처럼 적어도 코스 기간만큼은 완벽하게 실라를 지킬 수 있습니다.

세 번째 빠라미는 위리야viriya, 즉 노력의 공덕입니다. 여러분은 일상생활에서 생계를 유지하기 위해 노력합니다. 그러나 여기서의 노력은 알아차림과 평정심을 유지하면서 마음을 정화하는 노력입니다. 이것이 해탈로 이끄는 올바른 노력입니다.

네 번째 빠라미는 빤냐paññā, 즉 지혜의 공덕입니다. 세속 생활에서 여러분은 많은 지혜를 가지고 있습니다. 그러나 그 지혜는 타인으로부터 듣거나 독서를 통해 얻거나 단지 지적 이해를 통해 얻은 지혜들입니다. 진정한 빤냐는 명상 수행을 통해서 자기 자신 안에서 계발되는 이해력, 통찰력을 말합니다. 여러분은 자기관찰을 통해 무상, 괴로움, 무아라는 사실을 직접적으로 깨닫습니다. 이것이 빤냐 빠라미이며, 실상에 대한 이러한 직접적 경험은 고통에서 벗어나게 해줍니다.

다섯 번째 빠라미는 칸띠khanti, 즉 인욕의 공덕입니다. 코스에 참가하면 다른 사람과 함께 생활하면서 수행하므로, 타인의 행동 때문에 화가 나거나 짜증내는 자신을 발견할 것입니다. 그러나 곧 방해를 하는 사람은 지금 자신이 무엇을 하고 있는지를 모르거나 아픈 사람이라고 이해하게 됩니다. 그러면 짜증은 사라지고 그 사람에 대한 사랑과 연민만이 생깁니다. 그렇게 해서 인내라고 하는 특성을 계발하기 시작했습니다.

여섯 번째 빠라미는 삿짜sacca, 즉 진실의 공덕입니다. 실라를 실천함으로써 여러분은 언어행위에서 진실함을 지킵니다. 그러나 삿짜는 마음의 보다 깊은 차원에서 실천되지 않으면 안 됩니다. 이 수행에서의 각각의 걸음은 거친 표면적 진리에서부터 미세한 궁극적 진리까지, 그 진리와 함께하는 걸음이어야 합니다. 여기에 상상이 들어설 곳은 없습니다. 여러분은 항상 지금 이 순간에 경험하는 실상과 함께 걸어가야만 합니다.

일곱 번째 빠라미는 아딧타나adhiṭṭhāna, 즉 강한 결심의 공덕입니다. 위빳사나 수행 코스를 시작할 때 여러분은 이곳에 머무를 것을 결심합니다. 그리고 다섯 가지 계율,

묵언, 코스에서 지켜야 하는 모든 규율을 따르겠다고 결의합니다. 위빳사나 수행의 가르침을 받고 나서는 그룹 명상 시간에 눈을 뜨지 않고 다리나 손을 움직이지 않으며 수행하겠다는 강한 결심을 합니다. 나중에 이 빠라미는 아주 중요해집니다. 최종 목표에 가까이 오면 해탈에 이르기까지 쉬지 않고 앉아있을 준비를 해야 합니다. 이런 이유 때문에 강한 결심을 계발할 필요가 있습니다.

여덟 번째 빠라미는 멧따mettā, 즉 에고가 없는 순수한 사랑의 공덕입니다. 여러분은 과거에 누군가에게 사랑과 선의를 느꼈을 것입니다만, 이것은 마음의 의식 차원에서입니다. 무의식 차원에서 오래된 긴장은 여전히 흐릅니다. 마음 전체가 정화되었을 때 마음 깊은 곳에서 타인의 행복을 기원할 수 있습니다. 이것이 자신뿐만 아니라 타인을 돕는 참된 사랑입니다.

아홉 번째 빠라미는 우뻭카upekkhā, 즉 평정심의 공덕입니다. 여러분이 신체에서 거칠고 불쾌한 감각이나 미세하고 유쾌한 감각을 만날 때 혹은 감각이 느껴지지 않을 때 마음의 균형을 유지하는 것을 배워야 합니다. 어떤 상황에서도 그 순간의 경험은 영원하지 않으며 사라지게 되어있는 것을 알아야 합니다. 이러한 이해와 함께 초연하게 평정심을 유지합니다.

열 번째 빠라미는 다나dāna, 즉 기부의 공덕입니다. 이 다나 빠라미는 재가자에게 담마의 기본이 되는 첫 번째 단계입니다. 재가자는 자신과 가족을 위해 올바른 생계 수단으로 돈을 벌어야 하는 책임이 있습니다. 그러나 만일 자신이 번 돈에 대해 집착을 가지면 에고를 키우게 됩니다. 이런 이유로 자신이 번 수입의 일부는 남의 행복을 위해 써야 합니다. 이렇게 한다면, 자신의 이로움을 위해 그리고 남의 이로움을 위해서도 돈을 번다는 이해가 생기기 때문에 에고는 자라지 않습니다. 자신이 할 수 있는 방법 안에서 남을 돕기 위한 의지가 일어납니다. 그리고 다른 사람들이 고통으로부터 벗어나는 방법을 배울 수 있도록 돕는 것보다 더 훌륭한 도움은 없다는 것을 알게 됩니다.

이처럼 위빳사나 코스에서 여러분은 이 빠라미를 계발할 수 있는 훌륭한 기회를 가지게 됩니다. 여러분이 여기서 받는 것은 모두 다른 사람들의 기부에 의한 것입니다. 방이나 식사 비용도 받지 않으며 수행의 가르침에 대한 비용도 받지 않습니다. 그에 대한 보답으로 여러분은 다른 누군가가 이 수행의 이로움을 누리도록 기부를 할 수 있습니다. 기부의 액수는 각자의 수입에 따라 달라지겠지요. 자연적으로 부자는 많이 내고자 할 것이지만, 작은 액수의 기부일지라도 올바른 의도로 낸 기부는 이 빠라미를 계발하는 데 매우 큰 가치를 가지고 있습니다. 어떤 대가를 바라지 않고 다른 사람이 담마의 이익을 경험하도록, 그리고 고통에서 벗어나도록 하기 위해 기부를 합니다.

이 코스에 참가함으로써 여러분은 열 가지 빠라미를 계발하기 위한 기회를 가지고 있습니다. 이 좋은 덕목들이 완전해질 때 여러분은 최종 목적에 도달할 수 있습니다.

이 빠라미들을 계발하도록 조금씩 실천해 가십시오. 자신의 이로움과 해탈을 위해서뿐만 아니라 많은 사람의 이로움과 해탈을 위해 담마의 길을 계속 걸으십시오.

고통받는 사람들이 모두 순수한 담마를 만나 해탈하기를 빕니다.

모든 존재가 행복하기를!

열째 날 강의

수행법 다시 돌아보기

열흘이 지났습니다. 열흘 동안 여러분이 했던 것을 검토해 봅시다.

여러분은 세 가지 보물인 삼보, 즉 붓다Buddha, 담마Dhamma, 상가Saṅgha에 귀의하며 이 수행을 시작했습니다. 삼보에 귀의하는 것이 조직화된 종교에서 다른 종교로 바꾸는 것을 의미하지 않습니다. 위빳사나에서 개종이란 고통에서 행복으로, 무지에서 지혜로, 속박에서 자유로의 전환입니다. 완전한 가르침은 보편적인 것입니다. 여러분은 한 개인, 교의, 종파에 귀의한 것이 아니라,

깨달음의 특성에 귀의한 것입니다. 깨달음의 길을 발견한 사람이 붓다입니다. 그가 발견한 길이 담마입니다. 이 담마를 수행하여 성인의 경지에 이른 모든 자가 상가입니다. 이러한 사람들에게 영감을 받아 마음의 정화라는 동일한 목표를 얻기 위해 붓다, 담마, 상가에 귀의하는 것입니다. 실질적으로는 여러분이 자신 안에서 계발하려고 하는 깨달음이라는 보편적 특성에 귀의하는 것입니다.

동시에 이 수행의 길에서 진보하는 사람은 감사의 마음과 그 어떤 것도 대가로 기대하지 않고 타인들에게 봉사하려는 의지가 넘칠 것입니다. 이 두 가지 특징은 역사적 붓다인 싯다르타 고타마에게 분명하게 나타납니다. 그는 오로지 자신의 노력으로만 깨달음을 얻었습니다. 그럼에도 살아있는 모든 존재를 향한 사랑과 연민으로 자신이 발견한 수행법을 타인들에게 가르치려고 노력하였습니다.

동일한 특성이 이 수행법을 실천한 사람들 그리고 오래된 이기주의적 습관을 다소나마 제거한 모든 사람에게 나타날 것입니다. 참된 귀의처, 참된 보호는 여러분 자신 안에서 여러분이 계발하는 담마입니다. 담마를 경험해 감에 따라서 수행법을 발견하고 가르친 고타마 붓다와 그리고 25세기에 걸쳐 오늘날까지 담마의 본래 순수함을 유지하려고 사심 없이 힘쓰신 모든 이에게 감사하는 마음이 넘칠 것입니다.

이러한 이해를 가지고 삼보에 귀의를 했습니다.

다음에 여러분은 다섯 가지 계율을 수지했습니다. 이것은 의례나 의식이 아닙니다. 이들 계율을 지니고 따름으로써 여러분은 이 수행법의 토대가 되는 도덕인 실라sīla를 실천했습니다. 계율이라는 토대가 강하지 않으면 수행의 전체 체계가 약해집니다. 실라는 보편적이며 비종파적인 것입니다. 여러분은 다른 사람의 조화와 평화를 깨트릴 수 있는 신체적·언어적인 모든 행위를 삼가기로 약속했습니다. 이 계율을 깨는 사람은 먼저 자신의 평화와 조화를 파괴하면서 자신 마음속에 부정성을 불러일으킵니다. 정신적 차원에 있던 이 부정성은 그 자체가 언어적·신체적 행위로 표현됩니다. 위빳사나 수행을 통해 여러분은 마음을 정화하려고 노력하고 있고, 그래서 마음이 참으로 고요하고 평화스럽게 되었습니다. 여전히 마음을 더럽히고 동요시키는 행동을 하는 동안에는 마음을 정화할 수 없습니다.

동요된 마음이 더욱더 마음을 동요하게 하며 불건전한 행동을 만드는 악순환의 고리를 어떻게 하면 끊어낼 수 있을까요? 이 위빳사나 코스가 여러분에게 그 기회를 줍니다. 빡빡한 프로그램, 엄격한 규율, 묵언, 강하게 수행을 지지하는 분위기 때문에 다섯 가지 계율을 깨트릴 가능성은 없습니다. 그래서 10일 동안 여러분은 실라를 실천할 수 있으며, 이것을 기초로 사마디samādhi를 계발할 수 있습니다. 이 사마디는 마음을 정화하고 마음의 깊은 곳까지 꿰뚫을 수 있는 통찰, 지혜의 기초가 됩니다.

이 코스를 시작할 때 여러분은 수행법을 배우기 위해 다섯 가지 계율을 지키겠다는 약속을 했습니다. 수행법을 배운 후에 담마를 받아들이고 실천하기로 결심한 사람은 일생을 통해 이 다섯 가지 계율을 지켜야 합니다.

다음에 이 10일 코스 동안 붓다와 여러분의 지도 선생님을 따르기로 약속했습니다. 이 맹세는 이 수행법을 공정하게 시도해 보는 데 그 목적이 있습니다. 이처럼 약속을 한 사람만이 최대한의 노력을 발휘할 수 있습니다. 의심과 회의를 지닌 사람은 올바르게 수행할 수가 없습니다. 그러나 이러한 약속이 맹목적 믿음의 계발을 의미하지 않습니다. 맹목적 믿음은 담마와 아무런 관련이 없습니다. 만일 마음속에 어떤 의심이 떠오른다면, 필요에 따라 선생님을 방문해서 이해를 명료하게 하십시오.

나를 맡기는 것은 코스의 시간표와 규율의 준수에도 적용됩니다. 이것들은 10일간 최대한의 효과를 얻을 수 있도록, 그리고 지속적으로 수행할 수 있도록 하기 위해 이전에 코스에 참가했던 무수한 사람의 경험에 근거를 두고 만들어진 것입니다.

나를 맡김으로써 여러분은 가르침을 받은 대로 정확하게 수행을 해왔습니다. 이전에 해왔던 수행법들이 있어도 이 코스 동안에는 옆으로 제쳐두기로 약속했습니다. 올바른 방법으로 오직 이 수행법만을 실천함으로써 이익을 얻을 수 있고 수행법의 가치를 판단할 수 있기 때문입니다. 수행법들을 혼합하는 것은 여러분을 심각한 곤경으로 이끌 수 있습니다.

그러고 나서 마음의 통제력, 집중, 즉 사마디를 계발하기 위해 아나빠나ānāpāna 수행을 시작했습니다. 호흡에 어떤 말, 형상, 모양을 덧붙이지 않고 자연스런 호흡만을 관찰하도록 배웠습니다. 이런 제한의 이유는 수행법의 보편성을 보존하기 위해서입니다. 호흡의 집중은 누구에게나 공통적이며 누구나 받아들일 수 있습니다. 말과 형상을 통한 집중은 몇몇 사람은 받아들일 수 있으나, 나머지 다른 사람들은 받아들일 수 없을지도 모릅니다.

그러나 단지 호흡만을 관찰하는 데에는 좀 더 중요한 이유가 있습니다. 전 과정은 여러분이 생각하는 대로가 아닌 있는 그대로의 정신적·육체적 구조, 즉 자신에 대한 진리의 탐색입니다. 이것은 실상에 대한 탐구입니다. 여러분은 앉아서 눈을 감습니다. 소리도 없고 외부의 방해도 없으며 몸의 움직임도 없습니다. 바로 이 순간, 자신 안에서 느껴지는 가장 두드러진 활동은 호흡입니다. 그때 여러분은 이 실상을, 즉 코로 들어오고 나가는 자연스런 호흡을 관찰합니다. 호흡을 느낄 수 없을 때는 단지 콧구멍 주변에 주의를 고정한 채 호흡을 조금 강하게 하도록 했습니다. 그런 후에 다시 여러분의 주의는 자연스럽고 정상적인 부드러운 호흡으로 되돌아왔습니다. 여러분은 거친 표면적 진리에서 출발하여 좀 더 깊고 미세한 궁극의 진리로 나아갔습니다. 이 수행의 모든 길에서 거친 상태에서부터 가장 미세한 상태에 이르기까지 걸음걸음마다 여러분은 실제적으로 경험하는 진리와 함께 있어야만 합니다. 상상을 이용해서 수행을 시작하면 궁극의 진리에 이를 수 없습니다. 그러면 여러분은 더욱 큰 상상과 자기기만에 빠지게 될 뿐입니다.

만일 여러분이 호흡이라는 대상에 말을 덧붙이면서 집중한다면 좀 더 빠르게 마음에 집중할 수 있을지도 모릅니다. 그러나 그렇게 하는 것에는 위험이 있습니다. 모든 말은 특별한 진동을 가지고 있습니다. 어떤 말과 구절을 반복하여 떠올리면, 인위적 진동이 만들어지는데, 여러분은 그것에 휩쓸려버릴지도 모릅니다. 마음의 표면적 차원에서는 평화와 조화가 창조되지만, 마음 깊은 곳의 불순물은 여전히 머물러있습니다. 심층에 깔려있는 불순물을 제거하는 유일한 방법은 그것들을 관찰하는 방법, 불순물이 의식의 표면에 떠오르도록 하여 그것들이 사라져가게 하는 법을 배우는 것입니다. 만일 여러분이 특정한 인위적 진동만을 관찰한다면, 여러분의 불순물과 관련되어 있는 다양한 자연적 진동, 즉 신체 안에서 자연스럽게 나타나는 감각을 느낄 수 없게 됩니다. 그러므로 만일 수행의 목적이 자기 자신에 대한 실상을 탐구하고 마음을 정화하는 것이라면, 가공의 말을 사용하는 것은 장애가 될 뿐입니다.

이와 똑같이 형상이나 모양을 마음에 그리는 시각화도 수행의 향상에 방해가 됩니다. 이 위빳사나 수행법은 궁극의 진리에 이르기 위해서 우선 표면적 진리의 용해로 이끕니다. 겉으로 보이는 통합된 진리는 항상 환상으로 가득 차있습니다. 이 상태에서는 과거의 반응들에 의해 왜곡된 지각인 산냐sañña가 작동하기 때문입니다. 이 조건 지어진 지각은 편애와 편견, 새로운 반응들을 일으키면서 구별 짓고 차별합니다. 표면적 실제를 분해해 나감에 따라 여러분은 점차적으로 육체와 정신의 궁극적 실제, 즉 매 순간마다 진동이 일어나고 사라지는 것만을 경험하기 시작합니다. 이 상태에 이르면 구별도 사라지고, 그 어떤 편애나 편견도 생기지 않으며, 반응도 일어나지 않습니다. 이 수행은 조건 지어진 산냐의 작용을 점차 줄여서 반응들을 약하게 만들고, 궁극적으로 지각작용과 감각작용이 멈춘 상태인 닙바나nibbāna의 경험으로 이끌어갑니다. 그러나 의도적으로 형상이나 모양이나 눈에 보이는 것에 주의를 집중한다면, 조작된 실제인 표면의 단계에 머물게 되어 그것 너머로 나아갈 수 없게 됩니다. 이런 이유 때문에 여기서는 시각화와 언어화를 금지하고 있습니다.

자연스런 호흡의 관찰을 통해 마음 집중을 수행하고 나서, 여러분은 자신의 본성을 통찰하고 마음을 정화하는 지혜의 계발을 위해 위빳사나 수행을 시작했습니다. 여러분은 정수리에서 발끝까지 몸 안에서 일어나는 자연스런 감각을 관찰하기 시작했습니다. 몸의 표면에서 시작하여 더 깊이 들어가 몸의 안이든 바깥이든 몸의 모든 부분에서 일어나는 감각을 느끼는 것을 배웠습니다.

그 어떤 편견도 가지지 않고 있는 그대로의 실제를 관찰하는 것, 표면적 진리를 관찰하여 궁극적 진리에 이르는 것, 이것이 위빳사나 수행입니다. 표면적 진리를 관찰해 가는 목적은 '나'라는 환상으로부터 벗어나게 하기 위해서입니다. 이 환상은 우리의 모든 갈망과 혐오의 뿌리이며, 극도의 고통으로 이끌어갑니다. '나'라는 것이 환상이라는 것을 지적으로 이해하고 있을지 모릅니다만, 이 지적인 이해만으로는 괴로움을 종식시킬 수 없습니다. 종교적·철학적 믿음과 관계없이 자기중심적인 습관을 고집하는 한, 여러분은 고통스러운 상태로 있을 것입니다. 자기중심적 습관을 깨트리기 위해 우리의 통제권 너머에서 항상 변화하는 정신적·육체적 현상의 비실체적 본성을 직접 경험해야 합니다. 이 경험만이 에고를 녹일 수 있으며 갈망과 혐오로부터 벗어나는 길, 고통으로부터 벗어나는 길로 이끌어갑니다.

그러므로 이 수행법은 직접적인 경험을 통해 '나' '나의 것'이라고 불리는 현상의 참된 특징을 탐구하는 것입니다. 이 현상에는 육체와 정신, 몸과 마음이라는 두 측면이 있습니다. 수행자는 몸의 실상을 관찰하는 것부터 시작했습니다. 이 실상을 직접적으로 경험하기 위해 여러분은 몸을 느껴야만 합니다. 즉 몸 전체에서 일어나는 감각에 대한 알아차림이 있어야만 합니다. 까야누빳사나kāyānupassanā라고 부르는 몸의 관찰은 필연적으로 웨다나누빳사나vedanānupassanā라고 하는 감각의 관찰을 수반합니다. 이와 똑같이, 마음 안에 나타나는 것을 떠나 마음의 실상을 관찰할 수가 없습니다. 그러므로 찟따누빳사나cittānupassanā라 부르는 마음의 관찰은 필연적으로 담마누빳사나dhammānupassanā라 부르는 정신적 내용들의 관찰을 수반합니다.

이것은 수행자가 각각의 생각을 관찰해야 한다는 것을 의미하지 않습니다. 만일 그렇게 한다면, 여러분은 생각에 빨려 들어가 버릴 것입니다. 여러분은 갈망·혐오·무지·동요가 있든지 없든지 간에, 그 순간에 단지 마음의 본질을 알아채고 있으면 됩니다. 붓다는 마음에 나타난 것은 그 무엇이든지 신체적 감각을 동반하고 있다는 것을 발견했습니다. 그래서 수행자가 정신적인 측면이든 육체적인 측면이든, '나'라는 현상을 탐구할 때는 감각을 알아차리는 것이 중요합니다.

이런 발견은 붓다의 아주 특별한 공헌으로, 그의 가르침에서 가장 중요한 핵심입니다. 붓다 이전의 인도에도, 또 붓다의 동시대에도 실라와 사마디를 가르치고 수행한 사람들이 많이 있었습니다. 적어도 신앙적이거나 지적인 지혜를 수행하는 사람이 존재했었습니다. 일반적으로 정신적 번뇌가 고통의 근원이며, 마음을 정화하고 자유를 얻기 위해 갈망과 혐오는 제거해야 하는 것이라고 이해했습니다. 그러나 붓다만이 그렇게 할 수 있는 방법을 발견했습니다.

그들에게 부족했던 것은 감각의 중요성에 대한 이해입니다. 지금처럼 반응은 감각의 외적 대상, 즉 시각, 소리, 냄새, 맛, 접촉, 생각에 의해 일어난다고 일반적으로 생각했습니다. 그러나 자신 내부의 진리를 관찰한 붓다는 대상과 반응 사이에 잊어버린 고리, 즉 감각이 있다는 것을 밝혔습니다. 외부 대상과 그것에 대응하는 감각기관이 접촉하면 감각이 발생합니다. 이 감각이 유쾌한 것이나 혹은 불쾌한 것이냐에 따라 산냐가 긍정적 혹은 부정적 판단을 내립니다. 그러고 나서 갈망이나 혐오로 반응합니다. 이 과정은 너무나 빠르게 일어나기 때문에 그것에 대한 의식적 알아차림은 그것에 대한 반응이 여러 번 반복된 후에, 그리고 반응이 마음을 전복하는 데 위험한 힘을 모은 뒤에야 일어납니다. 반응을 잘 다루기 위해서는 반응이 발생한 지점에서 그것들을 알아차려야만 합니다. 반응은 감각에서 발생합니다. 그래서 여러분은 감각을 알아차리지 않으면 안 됩니다. 싯다르타 고타마는 이전에 알려지지 않았던 이 사실의 발견을 통해 깨달음을 얻었습니다. 그리고 이런 이유로 붓다는 감각의 중요성을 항상 강조했습니다. 감각은 갈망과 혐오로 반응케 하며, 그래서 고통으로 이끌어갈 수도 있으나, 반응을 멈추게 하고 고통으로부터 벗어나게 하는 지혜로도 이끌어갈 수 있습니다.

위빳사나 수행에서는 감각에 대한 알아차림을 방해하는 그 어떤 수행, 즉 말이나 형상에 집중하는 것이나 단지 몸의 신체적 움직임에만 혹은 마음에 떠오르는 생각에만 주의를 기울이는 것은 해롭습니다. 괴로움의 근원인 감각으로 다가가지 않는 한, 괴로움을 제거할 수 없습니다.

붓다는 '알아차림의 확립에 대한 설법'인 〈사띠빳타나 숫따satipaṭṭhāna Sutta〉에서 위빳사나 수행을 설명하고 있습니다. 이 법문은 몸의 관찰, 느낌의 관찰, 마음의 관찰, 마음 내용의 관찰이라는 다양한 측면을 고찰하기 위해 장을 나누고 있습니다. 이 경의 각각의 장과 절은 똑같은 말로 끝마치고 있습니다. 수행을 시작하는 지점은 각각 다를 수 있으나 출발점이 어떠하든지 간에 최종 목표에 이르기 위해 이 길을 걸어가는 수행자는 반드시 어떤 지점을 통과해야만 하고 어떤 경험을 해야 합니다. 위빳사나 수행에 필수적인 이러한 경험들은 각 장의 끝에 반복되어 묘사되고 있습니다.

첫 번째 지점에서는 사무다야samudaya 즉 일어남과 와야vaya 즉 사라짐을 따로따로 경험합니다. 이 단계에서 수행자는 몸 안에서 일어나는 거친 감각이라는 형태로 통합되고 결합된 실상을 알아차립니다. 통증과 같은 감각이 일어나는 것을 알아차립니다. 통증은 얼마간 머무르는 것처럼 보이지만, 결국에는 사라져갑니다.

이런 단계를 지나면, 그 어떤 간격도 없이 일어남과 사라짐을 동시에 경험하는 사무다야-와야samudaya-vaya의 상태를 통과할 것입니다. 거칠게 굳어있던 감각들은 매우 빠르게 일어나고 사라지면서 미세한 진동으로 분해됩니다. 그리고 정신적 · 육체적 구조의 단단함도 없어집니다. 단단하게 응축되어 있던 감정과 감각은 단지 진동으로 용해되어 갑니다. 이것이 방가bhaṅga, 즉 용해의 단계입니다. 이 단계에서 수행자는 거칠고 단단함 없이 항상 일어남과 사라짐뿐인 몸과 마음의 궁극적 진리를 경험합니다.

방가의 단계는 이 길을 걸어가는 수행자에게 아주 중요한 지점입니다. 정신적 · 육체적 구조의 용해를 경험할 때에만 정신과 육체에 대한 집착이 사라지기 때문입니다. 바로 그때 여러분은 어떤 상황을 직면하더라도 초연하게 됩니다. 즉 평정한 상태를 유지하는 상카라-우뻬카saṅkhāra-upekkhā의 상태에 들어간 것입니다. 이때 무의식 속에 묻혀있고 아주 깊은 곳에 놓여있는 불순물인 상카라들이 마음의 표면으로 나타나기 시작합니다. 이것은 퇴보가 아닙니다. 진보입니다. 불순물이 마음의 표면으로 올라오지 않으면, 불순물은 제거될 수 없기 때문입니다. 그것이 일어나면 평정하게 관찰합니다. 그것들은 잇따라 사라져갑니다. 여러분은 거칠고 불쾌한 감각을 오랫동안 쌓아두었던 혐오의 상카라들을 제거하는 도구로써 사용합니다. 또 미세하고 유쾌한 감각은 오랫동안 쌓아두었던 갈망의 상카라들을 제거하는 도구로써 사용합니다. 모든 경험에 대해 평정심과 알아차림을 유지함으로써 마음 깊이 놓여있는 콤플렉스들을 정화하여 닙바나, 즉 해탈이라는 목표에 점점 더 가깝게 접근합니다.

출발점이 어디든 여러분은 닙바나에 도달하기 위해 이 모든 상태를 통과하지 않으면 안 됩니다. 얼마만큼 빨리 그 목적지에 도달할 수 있는가는 얼마만큼 열심히 수행하는가 그리고 제거해야만 하는 과거의 상카라들이 얼마만큼 축척되어 있는가에 달려있습니다.

그러나 모든 경우 또는 모든 상황에서, 감각에 대한 알아차림에 기초한 평정심이 필수적입니다. 상카라는 육체적 삼삭이라는 지섬에서 일어납니다. 감각에 대해 평정심을 유지함으로써만, 새로운 상카라가 생기는 것을 막을 수 있으며 또 오래된 상카라들을 제거할 수 있습니다. 평정심을 가지고 감각을 관찰함에 따라 여러분은 고통으로부터 벗어나 해탈이라는 최종 목표를 향해 조금씩 나아갑니다.

진지하게 수행하십시오. 어떤 것을 착실하게 밀고 나가지 않고 가볍게 이것 다음에 저것을 시도해 보는 명상

게임을 하지 마십시오. 만일 그렇게 한다면, 그것이 어떤 수행이든 초보적 수준을 넘어 진보하지 못할 것이며, 결코 최종 목적에 도달하지 못할 것입니다. 자신에게 맞는 수행법을 찾기 위해서 다른 수행법들을 시도해 볼 수 있습니다. 이 수행법에 대해서도 필요하다면 두세 번의 시도를 해보는 것도 좋습니다. 그러나 단지 시도해 보는 것으로 여러분의 인생을 낭비하지는 마십시오. 여러분이 자신에게 적합한 수행법을 발견하면, 그것을 진지하게 수행하십시오. 최종의 목적으로 나아갈 수 있도록.

고통받는 사람들이 고통으로부터 벗어나는 길을 찾을 수 있기를.

모든 존재가 행복하기를!

열하나째 날 강의

명상 코스가 끝난 후에 수행을 계속하는 방법

하루하루 수행하다 보니 이 수행 코스를 마치는 날이 되었습니다. 이 수행을 처음 시작했을 때 여러분은 수행법과 이 코스에서의 규율을 완전히 따르기로 약속했습니다. 이것을 완전하게 따르지 않고서 여러분은 이 명상법에 대한 올바른 시도를 할 수 없기 때문입니다. 이제 열흘이 지났습니다. 여러분은 자신의 주인입니다. 여러분은 집에 돌아가서 여기에서 배우고 익힌 것을 조용히 돌이켜볼 것입니다. 그때 여기서 배운 것이 실용적이고 논리적이며 자신뿐만 아니라 타인에게까지 유익함을 주는 것이라고 판단된다면, 배운 것을 받아들이십시오. 누군가가 그렇게 하라고 요구하기 때문이 아니라, 자유의지로 자발적으로 받아들이십시오. 단지 열흘 동안만이 아니라 여러분 일생 전체를 통해 받아들이십시오.

단지 지적인 이해로 혹은 감정으로 받아들여서는 안 됩니다. 여러분은 담마dhamma를 생활의 일부가 되도록 받아들이고 그것을 적용함으로써 실제 차원에서 실천해야 합니다. 담마를 일상생활에서 실제로 실천할 때만이 명백한 이익을 얻을 수 있기 때문입니다.

여러분은 담마의 실천방법을 배우기 위해 이 코스에 참가했습니다. 담마의 실천방법은 도덕적인 삶, 마음을 제어하는 삶, 마음을 정화하는 삶을 살기 위한 방법입니다. 이 코스 기간 동안 매일 저녁마다 하는 강의는 수행법을 명료하게 이해하기 위한 것이었습니다.

여러분이 무엇을 하는지 그리고 왜 하는지를 이해하는 것이 필요합니다. 그래야 그릇된 방식으로 수행하거나 헷갈리지 않게 될 것입니다. 수행을 설명하면서 불가피하게 이론을 언급했습니다. 배경이 다른 다양한 사람들이 이 코스에 참가하기 때문에 이론의 어떤 측면을 수용하기 어려운 사람이 있을 수 있습니다. 만일 그러하다면 신경 쓰지 말고 그것을 옆으로 제쳐두십시오. 가장 중요한 것은 담마의 실천입니다. 타인에게 해 끼치지 않는 생활을 영위하는 것, 자기 마음의 통제력을 계발하는 것, 부정성으로 된 마음으로부터 자유로워지는 것, 사랑과 선의를 기르는 것을 싫어할 사람은 아무도 없습니다.

이 수행은 누구나 일반적으로 받아들일 수 있는 것입니다. 이 수행이 담마의 가장 귀중한 부분입니다. 왜냐하면 여러분이 얻을 수 있는 유익함은 무엇이든지 간에 이론에 의해서가 아닌 실천에 의해 얻을 수 있으며, 자기의 삶 속에 담마를 적용함으로써 얻을 수 있기 때문입니다.

열흘 동안 여러분은 이 수행법의 대략적인 요점만을 배웠습니다. 이 수행법을 빨리 완전하게 이해하게 될 것이라고 기대하지는 마십시오. 그러나 이 간결한 경험이 과소평가되어서는 안 됩니다. 긴 여정이고 정말로 일생의 작업이지만, 여러분은 그 첫걸음, 매우 중요한 첫발을 내딛었습니다.

담마의 씨앗은 뿌려졌고, 싹이 트기 시작했습니다. 유능한 정원사는 특히 어린 묘목을 잘 보살핍니다. 보살핌을 잘 받으면 이 작은 묘목은 굵은 줄기와 깊은 뿌리를 지닌 거대한 나무로 자랍니다. 그렇게 되면 그 거대한 나무는 생명이 있는 한, 보살핌을 필요로 하는 대신에 계속 다른 것들을 보살피고 배려할 것입니다.

담마의 이 어린 묘목은 지금 보살핌을 필요로 합니다. 모두가 받아들일 수 있는 수행을 누군가 반대할지도 모르는 이론과 구별하면서, 비판하는 다른 사람들로부터 이 작은 나무를 보호하십시오. 그런 비판이 여러분의 실천을 가로막도록 허락하지 마십시오. 그 대신 아침에 한 시간, 저녁에 한 시간 명상하십시오. 규칙적인 매일매일의 실천은 필수적입니다. 처음에는 명상하는 데 하루에 두 시간 전념하는 것이 무거운 짐처럼 느껴질지도 모르지만, 머지않아 과거에 헛되이 소비했던 시간을 이제 절약하고 있다는 것을 알게 될 것입니다. 처음에 여러분은 잠자는 시간이 덜 필요하게 될 것입니다. 둘째로 일에 대한 능력이 증가하게 되어 당신의 일을 좀 더 빨리 끝마칠 수 있게 됩니다. 문제가 발생할 때도 마음의 균형 잡힌 상태를 유지할 수 있게 되고, 즉각적으로 올바른 해결책을 찾아낼 수 있게 됩니다. 여러분이 이 수행법을 확고히 익히면, 아침 수행을 마치고 난 후에 그 어떤 동요도 없이 하루 온종일 에너지가 넘치고 있음을 발견할 것입니다.

밤에 잠들기 전 5분 동안 몸의 어느 부분에서든지 감

각을 알아차리십시오. 다음날 아침 일어나자마자 다시 5분 정도 감각을 관찰하십시오. 잠들기 직전과 깨어나자마자 행하는 5분 수행이 매우 유익하다는 것을 알게 될 것입니다.

집 근처에 수행자가 산다면, 일주일에 한 번 한 시간은 함께 명상하십시오. 그리고 일 년에 한 번은 10일 코스에 참가하는 것이 반드시 필요합니다. 매일매일의 수행은 여기서 성취했던 것을 유지하게 할 수 있는 반면, 10일 집중 코스는 마음을 더 깊게 탐색하고 수행하는 데 필수적입니다. 여러분이 이런 조직적인 코스에 참가할 수 있다면 매우 좋습니다. 그러나 참가할 수 없다면 셀프 코스를 할 수 있습니다. 타인과 격리될 수 있는 곳에서 그리고 여러분의 식사를 준비해 줄 수 있는 누군가가 있는 곳에서 10일 동안 셀프 코스를 하십시오. 여러분은 이 수행법, 시간표, 규율을 알고 있습니다. 그러므로 이제 여러분은 자신이 그 모든 것을 적용해야만 합니다.

만일 셀프 코스를 시작하기 전에 미리 선생님에게 알리고 싶다면, 선생님은 당신을 기억할 것이고 그리고 당신에게 멧따mettā, 즉 선의의 진동을 보낼 것입니다. 선생님이 보내는 멧따는 여러분이 수행에 집중할 수 있도록 좀 더 나은 환경을 만드는 데 도움을 줄 것입니다. 그러나 선생님에게 셀프 코스를 알리지 않더라도 약해지는 것은 없습니다. 담마 그 자체가 여러분을 보호할 것입니다. 여러분은 차차 자립의 단계에 이르러야만 합니다. 선생님이란 안내인일 뿐입니다. 여러분 자신은 자기 자신의 주인이 되지 않으면 안 됩니다. 항상 타인에게 의존해서는 결코 자유를 얻을 수 없습니다.

매일매일 두 시간의 수행과 일 년에 한 번 하는 10일 집중 코스는 수행을 지속하는 최소한의 필수조건입니다. 자유로운 시간이 생긴다면, 그 시간을 수행하는 데 사용하십시오. 일주일 혹은 며칠 혹은 하루라도 짧은 코스를 할 수 있습니다. 이때 3분의 1시간은 아나빠나ānāpāna 수행에, 나머지 시간은 위빳사나vipassanā 수행에 전념하십시오.

매일매일 수행할 때는 주로 위빳사나 수행을 하십시오. 단지 마음이 동요되어 있거나 감각이 무딜 때 어떤 이유에서든지 감각을 관찰하고 평정심을 유지하는 것이 어려울 때가 있다면, 그때는 필요한 만큼 아나빠나 수행을 하십시오.

위빳사나 수행을 할 때 불쾌한 감각에 대해서는 의기

소침해지거나 유쾌한 감각에 대해서는 의기양양해지는 그런 감각 게임을 하지 않도록 주의하십시오. 모든 감각을 객관적으로 관찰하십시오. 한곳에 주의를 오랫동안 두지 말고 온몸을 규칙적으로 관찰하면서 주의를 계속 이동하십시오. 어느 한 부분을 관찰하는 데 최소한 2분, 드물게 5분이면 충분합니다. 그러나 결코 그 이상은 머무르지 마십시오. 몸의 모든 부분에서 감각에 대한 알아차림을 유지하기 위해 주의를 계속 이동시키십시오. 감각 관찰 수행이 기계적으로 되기 시작하면, 주의 이동의 방향을 바꾸어보십시오. 매 상황마다 알아차림과 평정심을 유지한다면, 위빳사나 수행의 멋진 이익을 맛보게 될 것입니다.

눈을 감고 앉아 수행할 때뿐만 아니라 바쁜 일상생활에서도 이 수행을 적용해야만 합니다. 여러분이 일을 할 때는 모든 주의를 그 일에 두어야만 합니다. 이때 그 일이 여러분의 명상이 된다고 여기십시오. 그러나 일하는 사이에 5분 혹은 10분 정도의 여유가 생긴다면, 감각을 알아차리는 데 그 시간을 쓰십시오. 그러면 다시 일을 시작할 때 여러분은 상쾌해진 것을 느낄 것입니다. 그러나 공공장소에서 혹은 수행하지 않는 사람들 속에서 수행할 때는 주의하십시오. 눈을 뜨고 수행하십시오. 결코 담마 수행을 자랑하며 내보이지 마십시오.

올바르게 위빳사나를 수행한다면 삶이 좀 더 나은 방향으로 변화할 것입니다. 이 길에서 여러분의 진보를 스스로 점검해야 합니다. 요컨대 일상의 상황 속에서, 행동 속에서, 타인과의 관계 속에서, 여러분 자신의 행동을 통해 점검해야 합니다. 타인에게 해를 끼치는 대신 그들을 돕기 시작했는가? 원하지 않는 상황이 생겼을 때 평정심을 유지할 수 있는가? 마음에 부정성이 생기기 시작했을 때 얼마만큼 빨리 그것을 알아챌 수 있는가? 부정성과 함께 일어난 감각을 얼마만큼 빨리 알아챌 수 있는가? 얼마나 빨리 그 감각을 관찰하기 시작하는가? 얼마나 빨리 마음의 균형을 되찾는가? 그리고 얼마나 빨리 사랑과 연민을 일으키는가? 이런 방법으로 자기 자신을 점검해 보면서 이 길에서 계속 진보하십시오.

이 코스에서 얻은 것은 무엇이든지 보존해야 할 뿐만 아니라 길러내야만 합니다. 여러분의 삶 속에서 담마를 계속 적용하십시오. 이 수행법의 이익들을 누리십시오. 자신과 타인의 이로움을 위해 행복하고 평화롭고 조화로운 삶을 영위하십시오.

하나 주의할 것이 있습니다. 여러분이 여기에서 배운 것을 다른 사람들에게 말하는 것은 기꺼이 환영합니다. 담마에는 그 어떤 비밀도 없기 때문입니다. 그러나 이 단계에서 다른 사람에게 이 수행법을 가르치려고 해서는 안 됩니다. 가르치기 전에 여러분 자신의 수행이 무르익어야 하고 가르치는 훈련을 받아야 합니다. 그렇지 않다면 타인을 돕기는커녕 해를 끼치는 위험에 빠지게 됩니다.

만일 위빳사나 수행에 대해 설명을 들은 어떤 사람이 위빳사나 수행하기를 원한다면, 올바르게 훈련받은 선생님이 이끄는 코스에 참가하도록 권유하십시오. 여러분은 지금 담마를 여러분 자신 안에 확고하게 수립하는 데 끊임없이 노력해야 합니다. 담마 안에서 성장하십시오. 그렇게 하면 여러분 삶이 담마의 본보기가 될 것이며, 여러분 자신이 자동적으로 사람들을 이 길로 이끌게 될 것입니다.

많은 사람의 이익과 선을 위해 담마가 온 세계로 펴져 나가기를.

모든 존재가 행복하고 평화롭고 자유롭기를!

강의에 나오는 빠알리어 찬팅과 번역

※일러두기

"강의에 나오는 빠알리어 찬팅과 번역"은 왼쪽 페이지에 빠알리어 찬팅, 오른쪽 페이지에 그것의 한국어 번역으로 구성했습니다.

둘째 날

Tumhe hi kiccaṃ ātappaṃ, 뚬헤 히 낏짱 아땁빵
akkhātāro tathāgatā. 악카따로 따타가따
Paṭipannā pamokkhanti 빠띠빤나 빠목칸띠
jhāyino māra-bandhanā. 자이노 마라-반다나

– Dhammapada, XX. 4(276)

Sabba-pāpassa akaraṇaṃ, 삽바-빠빳사 아까라낭
kusalassa upasampadā, 꾸살랏사 우빠삼빠다
sa-citta pariyodapanaṃ — 사-찟따 빠리요다빠낭
etaṃ Buddhāna-sāsanaṃ. 에땅 붓다나-사사낭

– Dhammapada, XIV. 5(183)

셋째 날

Sabbo ādīpito loko, 삽보 아디삐또 로꼬
sabbo loko padhūpito; 삽보 로꼬 빠두삐또
sabbo pajjalito loko, 삽보 빳잘리또 로꼬
sabbo loko pakampito. 삽보 로꼬 빠깜삐또

Akampitaṃ apajjalitaṃ, 아깜삐땅 아빳잘리땅
aputhujjana-sevitaṃ, 아뿌툿자나-세위땅
agati yatha mārassa, 아가띠 야타 마랏사

둘째 날

당신은 스스로 노력해야 합니다.
깨달은 자는 그 길을 보여줄 뿐입니다.
명상하는 사람은 죽음의 사슬에서 스스로 벗어날 것입니다.

–〈법구경〉, XX. 4(276).

"바르지 못한 일을 삼가고,
바른 일을 하며,
마음을 깨끗이 하세요."
이것이 붓다의 가르침입니다.

–〈법구경〉, XIV. 5(183).

셋째 날

온 세상이 화염에 싸여,
온 세상에 연기가 솟구치고,
온 세상이 타고,
온 세상이 떨립니다.

그러나 떨지도 타지도 않는,
고귀한 분들이 경험하는,
죽음이 들어올 수 없는,

tatha me nirato mano. 따타 메 니라또 마노

– Upacālā Sutta, Saṃyutta Nikāya, V.7

넷째 날

Mano-pubbaṅgamā dhammā, 마노-뿝방가마 담마
mano-seṭṭhā, mano-mayā. 마노-셋타 마노-마야
Manasā ce paduṭṭhena 마나사 쩨 빠둣테나
bhāsati vā karoti vā, 바사띠 와 까로띠 와
tato naṃ dukkhamanveti 따또 낭 둑카만웨띠
cakkaṃ'va vahato padaṃ. 짝캉와 와하또 빠당

Mano-pubbaṅgamā dhammā, 마노-뿝방가마 담마
mano-seṭṭhā, mano-mayā. 마노-셋타 마노-마야
Manasā ce pasannena 마나사 쩨 빠산네나
bhāsati vā karoti vā, 바사띠 와 까로띠 와
tato naṃ sukhamanveti 따또 낭 수카만웨띠
chāyā'va anapāyinī. 차야와 아나빠이니

– Dhammapada, I. 1 & 2

Idha tappati, pecca tappati, 이다 땁빠띠, 뻿짜 땁빠띠
pāpakārī ubhayattha tappati. 빠빠까리 우바얏타 땁빠띠
Pāpaṃ me katan'ti tappati, 빠빵 메 까딴띠 땁빠띠
bhiyyo tappati duggatiṃ gato. 비요 땁빠띠 둑가띵 가또

그곳에서 내 마음은 기쁩니다.

-《상윳따 니까야》, V. 7, 〈우빠짜라 숫따〉

넷째 날

마음은 모든 현상에 앞서 있습니다.
마음이 가장 중요하고, 모든 것은 마음에 의해 만들어집니다.
순수하지 못한 마음으로
말이나 행동을 하면,
괴로움이 그 사람을 따를 것입니다.
수레바퀴가 소의 발자국을 따르는 것처럼.

마음은 모든 현상에 앞서 있습니다.
마음이 가장 중요하고, 모든 것은 마음에 의해 만들어집니다.
순수한 마음으로
말이나 행동을 하면,
행복이 그 사람을 따를 것입니다.
그림자가 결코 떠나지 않는 것처럼.

-〈법구경〉, I. 1과 2

이 세상에서 괴롭고, 다음 세상에서도 괴롭고,
나쁜 짓을 한 사람은 두 세계에서 괴롭습니다.
잘못을 했음을 알아서 지금 괴롭고,
더 많은 괴로움으로 고통받으며 통탄합니다.

Idha nandati, pecca nandati, 이다 난다띠, 뻿짜 난다띠
katapuñño ubhayattha nandati. 까따뿐뇨 우바얏타 난다띠
Puññaṃ me katan'ti nandati, 뿐냥 메 까딴띠 난다띠
bhiyyo nandati suggatiṃ gato. 비요 난다띠 숙가띵 가또

– Dhammapada, I. 17 & 18

다섯째 날

Jāti'pi dukkhā; jarā'pi dukkhā; 자띠삐 둑카 자라삐 둑카
vyādhi'pi dukkhā; maraṇam'pi dukkhaṃ; 우야디삐 둑카 마라낭삐 둑캉
appiyehi sampayogo dukkho; 압삐예히 삼빠요고 둑코
piyehi vippayogo dukkho; 삐예히 윕빠요고 둑코
yam'p'icchaṃ na labhati tam'pi dukkhaṃ; 얌삣창 나 라바띠 땅삐 둑캉
sankhittena pañc'upādānakkhandhā dukkhā. 상킷떼나 빤쭈빠다낙칸다 둑카

– Dhamma-cakkappavattana Sutta, Saṃyutta Nikāya, LVI (XII). ii. 1

Pattica-samuppāda 빳띠짜-사뭅빠다

Anuloma: 아누로마
Avijjā-paccayā saṅkhārā; 아윗자-빳짜야 상카라
saṅkhārā-paccayā viññāṇaṃ; 상카라-빳짜야 윈냐낭

이 세상에서 기뻐하고, 다음 세상에서도 기뻐하고,
착한 일을 한 사람은 두 세계에서 기뻐합니다.
바르게 했음을 알아서 지금 기쁘고,
더 기뻐하며 행복합니다.

–〈법구경〉, I. 17과 18

다섯째 날

태어남도 괴로움이고, 늙음도 괴로움이고,
아픔도 괴로움이고, 죽음도 괴로움이고,
즐겁지 않음과 가까이하는 것도 괴로움이고,
즐거움에서 멀어지는 것도 괴로움이고,
원하는 것을 얻지 못하는 것도 괴로움입니다.
줄여서 말하자면, 다섯 무더기에 대한 집착이 괴로움입니다.

《상윳따 니까야》, LVI(XII). ii. 1, 〈초전법륜경〉

조건으로 일어나는 사슬

앞으로 가는 순서:
어리석음을 바탕으로 반응이 일어나고,
반응을 바탕으로 의식이 일어나고,

viññāṇa-paccayā nāma-rūpaṃ; 윈냐나-빳짜야 나마-루빵

nāma-rūpa-paccayā saḷāyatanaṃ; 나마-루빠-빳짜야 살라야따낭

saḷāyatana-paccayā phasso; 살라야따나-빳짜야 팟소

phassa-paccayā vedanā; 팟사-빳짜야 웨다나

vedanā-paccayā taṇhā; 웨다나-빳짜야 딴하

taṇhā-paccayā upādānaṃ; 딴하-빳짜야 우빠다낭

upādāna-paccayā bhavo; 우빠다나-빳짜야 바워

bhava-paccayā jāti; 바와-빳짜야 자띠

jāti-paccayā jarā-maraṇaṃ-soka-parideva-dukkha-domanassupāyāsā sambhavanti. 자띠-빳짜야 자라-마라낭-소까-빠리데와-둑카-도마낫수빠야사 삼바완띠

Evame-tassa kevalassa dukkhakkhandhassa samudayo hoti. 에와메-땃사 께왈랏사 둑칵칸닷사 사무다요 호띠

Paṭiloma: 빠티로마

Avijjāya tv'eva asesa virāga-nirodhā saṅkhāra-nirodho; 아윗자야 뙈와 아세사 위라가-니로다 상카라-니로도

saṅkhāra-nirodhā viññāṇa-nirodho; 상카라-니로다 윈냐나-니로도

viññāṇa-nirodhā nāma-rūpa-nirodho; 윈냐나-니로다 나마-루빠-니로도

nāma-rūpa-nirodhā saḷāyatana-nirodho; 나마-루빠-니로다 살라야따나-니로도

saḷāyatana-nirodhā phassa-nirodho; 살라야따나-니로다 팟사-니로도

phassa-nirodhā vedanā-nirodho; 팟사-니로다 웨다나-니로도

의식을 바탕으로 마음과 몸이 일어나고,
마음과 몸을 바탕으로 여섯 감각이 일어나고,
여섯 감각을 바탕으로 접촉이 일어나고,
접촉을 바탕으로 감각이 일어나고,
감각을 바탕으로 갈망과 혐오가 일어나고,
갈망과 혐오를 바탕으로 집착이 일어나고,
집착을 바탕으로 되어감의 과정이 일어나고,
되어감의 과정을 바탕으로 태어남이 일어나고,
태어남을 바탕으로 슬픔, 비탄, 육체적·정신적 고통, 시련과 함께,
늙음과 죽음이 일어납니다.
그래서 이 괴로움 전체가 일어납니다.

뒤로 가는 순서:
어리석음의 제거와 소멸로 반응이 멈추고,
반응의 소멸로 의식이 멈추고,
의식의 소멸로 마음과 몸이 멈추고,
마음과 몸의 소멸로 여섯 감각이 멈추고,
여섯 감각의 소멸로 접촉이 멈추고,
접촉의 소멸로 감각이 멈추고,
감각의 소멸로 갈망과 혐오가 멈추고,
갈망과 혐오의 소멸로 집착이 멈추고,
집착의 소멸로 되어감의 과정이 멈추고,

vedanā-nirodhā taṇhā-nirodho; 웨다나-니로다 딴하-니로도

taṇhā-nirodhā upādāna-nirodho; 딴하-니로다 우빠다나-니로도

upādāna-nirodhā bhava-nirodho; 우빠다나-니로다 바와-니로도

bhava-nirodhā jāti-nirodho; 바와-니로다 자띠-니로도

jāti-nirodhā jarā-maraṇaṃ-soka-parideva-dukkha-

domanassupāyāsā nirujjhanti. 자띠-니로다 자라-마라낭-소까-빠리

데와-둑카-도마낫수빠야사 니룻잔띠

Evame-tassa kevalassa dukkhakkhandassa nirodho hoti.

에와메-땃사 께왈랏사 둑칵칸닷사 니로도 호띠

- Paṭicca-samuppāda Sutta, Saṃyutta Nikāya, XII (I), 1

Aneka-jāti saṃsāraṃ, 아네까-자띠 상사랑

sandhāvissaṃ anibbisaṃ. 상다윗상 아닙비상

gahakārakaṃ gavesanto, 가하까라깡 가웨산또

dukkhā jāti punappunaṃ. 둑카 자띠 뿌납뿌낭

Gahakāraka! Ditthosi. 가하까라까 딧토시

Puna gehaṃ na kāhasi. 뿌나 게항 나 까하시

Sabhā te phāsukā bhaggā, 사바 떼 파수까 박가

gahakūṭaṃ visankhitaṃ. 가하꾸땅 위상키땅

Visaṅkhāra-gataṃ cittaṃ, 위상카라-가땅 찟땅

taṇhānaṃ khayamajjhagā. 딴하낭 카야맛자가

- Dhammapada, XI. 8 & 9 (153 & 154)

되어감의 과정의 소멸로 태어남이 멈추고,
태어남의 소멸로 슬픔, 비탄, 육체적·정신적 고통, 시련과 함께,
늙음과 죽음이 멈춥니다.
그래서 이 괴로움 전체가 멈춥니다.

-《상윳따 니까야》, XII(I). 1, 〈연기경〉

수많은 생을 달렸지만,
찾지 못했습니다.
이 집을 지은 자를 찾으려 했지만,
되풀이해서 새로 태어나는 괴로움을 만났을 뿐입니다.
오, 집을 지은 자여! 이제 그대를 찾았습니다.
다시는 나를 위해 이 집을 짓지 말기를.
모든 서까래는 무너졌고,
대들보는 갈라졌습니다.
마음은 조건에서 벗어나,
갈애의 끝에 이르렀습니다.

-〈법구경〉, XI. 8과 9 (153과 154)

Khīṇaṃ purāṇaṃ navaṃ natthi sambhavaṃ, 키낭 뿌라낭 나왕 낫티 삼바왕

viratta-citta āyatike bhavasmiṃ. 위랏따-찟따 아야띠께 바와스밍

Te khīṇa-bījā avirūḷhi chandā. 떼 키나-비자 아위룰히 찬다

Nibbanti dhīrā yathāyaṃ padīpo. 닙반띠 디라 야타양 빠디뽀

– Ratana Sutta, Sutta Nipāta, II. 1

여섯째 날

Sabbe saṅkhārā aniccā'ti; 삽베 상카라 아닛짜띠

yadā paññāya passati, 야다 빤냐야 빳사띠

atha nibbindati dukkhe — 아타 닙빈다띠 둑케

esa maggo visuddhiyā. 에사 막고 위숫디야

– Dhammapada, XX. 5 (277)

Sabba-dānaṃ Dhamma-dānaṃ jināti, 삽바-다낭 담마-다낭 지나띠

sabbaṃ rasaṃ Dhamma-raso jināti, 삽방 라상 담마-라소 지나띠

sabbaṃ ratiṃ Dhamma-rati jināti, 삽방 라띵 담마-라띠 지나띠

taṇhakkhayo sabba-dukkhaṃ jināti. 딴학카요 삽바-둑캉 지나띠

– Dhammapada, XXIV. 21 (354)

과거의 조건은 지웠고, 새로운 조건은 만들지 않으니,
마음은 더 이상 미래의 태어남을 추구하지 않습니다.
씨앗이 없기에 갈애는 더 이상 일어나지 않습니다.
그러한 마음을 지닌 지혜로운 자는 이 등잔불처럼 멈춥니다.

–《숫따 니빠따》, II. 1, 〈보석경〉

여섯째 날

이뤄진 모든 것이 무상합니다.
이 이치를 꿰뚫어본 사람은,
괴로움으로부터 멀어집니다.
이것이 청정한 길입니다.

–〈법구경〉, XX. 5 (277)

담마의 선물은 모든 선물을 이깁니다.
담마의 맛은 모든 맛을 이깁니다.
담마의 행복은 모든 기쁨을 이깁니다.
갈애의 소멸은 모든 괴로움을 이깁니다.

–〈법구경〉, XXIV. 21 (354)

일곱째 날

Vedanā samosaraṇā sabbe dhammā. 웨다나 사모사라나 삽베 담마

-Mūlaka Sutta, Aṅguttara Nikāya, VIII. ix. 3 (83)

— Kimārammaṇā purisassa saṅkappa-vitakkā uppajjanti'ti? 끼마람마나 뿌리삿사 상깝빠-위딱까 웁빳잔띠띠?

— Nāma-rūpārammaṇā bhante'ti. 나마-루빠람마나 반떼띠.

-Samiddhi Sutta, Aṅguttara Nikaya, IX. ii. 4 (14)

Yathā'pi vātā ākāse vāyanti vividhā puthū, 야타삐 와따 아까세 와얀띠 위위다 뿌투

puratthimā pacchimā cā'pi; uttarā atha dakkhiṇā, 뿌랏티마 빳치마 짜삐 웃따라 아타 닥키나

sarajā arajā cā'pi, sītā uṇhā ca ekadā, 사라자 아라자 짜삐 시따 운하 짜 에까다

adhimattā parittā ca, puthū vāyanti mālutā; 아디맛따 빠릿따 짜 뿌투 와얀띠 말루따

tathevimasmiṃ kāyasmiṃ samuppajjanti vedanā, 따테위마스밍 까야스밍 사뭅빳잔띠 웨다나

sukha-dukkha-samuppatti, adukkhamasukhā ca yā. 수카-둑카-사뭅빳띠 아둑카마수카 짜 야

Yato ca bhikkhu ātāpī sampajaññaṃ na riñcati, 야또 짜 빅쿠 아따삐 삼빠잔냥 나 린짜띠

마음에서 일어나는 모든 것은 감각을 동반합니다.

-《앙굿따라 니까야》, VIII. ix. 3 (83), 〈물라까 숫따〉

"사람 안에서 무엇을 바탕으로 생각과 상이 일어납니까?"

"마음과 물질을 바탕으로 일어납니다, 스승님."

-《앙굿따라 니까야》, IX. ii. 4. (14), 〈사밋디 숫따〉

하늘에서 다양한 바람이 붑니다.
동쪽과 서쪽에서, 북쪽과 남쪽에서,
먼지가 가득하거나 깨끗한 바람, 뜨겁거나 차가운 바람,
사나운 센바람과 부드러운 산들바람 등 많은 바람이 붑니다.
마찬가지로 몸에서도 유쾌한 감각, 불쾌한 감각, 중립적인 감각이 일어납니다.
열심히 수행하는 비구가 완전히 이해 능력을 부지런히 연마하면,
그러한 현명한 사람은 모든 감각을 완전히 이해합니다.
감각을 완전히 이해하고 있으므로, 그는 이 삶에서 모든 더러움에서 자유로워집니다.
담마에 확고히 자리 잡고 감각을 완벽히 이해하는 사람은 삶이 끝날 때 조건화된 세계를 초월하여 형언할 수 없는 단계에 이르게 됩니다.

-《상윳따 니까야》, XXXVI(II). ii. 12. (2), 〈빠타마 아까사 숫따〉

tato so vedanā sabbā parijānāti paṇḍito; 따또 소 웨다나 삽바 빠리자나띠 빤디또

So vedanā pariññāya diṭṭhe dhamme anāsavo, 소 웨다나 빠린냐야 딧테 담메 아나사워

kāyassa bhedā Dhammaṭṭho, saṅkhyaṃ nopeti vedagū. 까얏사 베다 담맛토 상크양 노뻬띠 웨다구

– Paṭhama Ākāsa Sutta, Saṃyutta Nikāya, XXXVI (II). ii. 12 (2)

Yato-yato sammasati 야또-야또 삼마사띠

khandhānaṃ udayabbayaṃ, 칸다낭 우다얍바양

labhati pīti-pāmojjaṃ, 라바띠 삐띠-빠못장

amataṃ taṃ vijānataṃ. 아마땅 땅 위자나땅

– Dhammapada, XX. 15 (374)

Namo tassa bhagavato, arahato, sammā-sambuddhassa. 나모 땃사 바가와또 아라하또 삼마-삼붓닷사

Ye ca Buddhā atītā ca, 예 짜 붓다 아띠따 짜

ye ca Buddhā anāgatā, 예 짜 붓다 아나가따

paccuppannā ca ye Buddhā 빳쭙빤나 짜 예 붓다

ahaṃ vandāmi sabbadā. 아항 완다미 삽바다

Ye ca Dhammā atītā ca, 예 짜 담마 아띠따 짜

ye ca Dhammā anāgatā, 예 짜 담마 아나가따

언제 어디서나
정신적·육체적 구조의 일어남과 사라짐을 마주할 때,
행복과 기쁨을 누리고
현명한 사람이 경험하는 죽음 없는 단계로 이끕니다.

-〈법구경〉, XX. 15 (374)

해탈하시고, 모든 것을 무찌르신, 오롯이 깨달으신 분께 귀의합니다.

과거의 붓다들에
아직 오지 않은 붓다들에
현재의 붓다들에
나는 늘 경의를 표합니다.

과거의 담마에
아직 오지 않은 담마에

paccuppannā ca ye Dhammā 빳쭙빤나 짜 예 담마
ahaṃ vandāmi sabbadā. 아항 완다미 삽바다

Ye ca Saṅghā atītā ca, 예 짜 상가 아띠따 짜
ye ca Saṅghā anāgatā, 예 짜 상가 아나가따
paccuppannā ca ye Saṅghā 빳쭙빤나 짜 예 상가
ahaṃ vandāmi sabbadā. 아항 완다미 삽바다

Imāya Dhammānudhamma paṭipattiyā. 이마야 담마누담마 빠띠 빳띠야
Buddhaṃ pūjemi, 붓당 뿌제미
Dhammaṃ pūjemi, 담망 뿌제미
Saṅghaṃ pūjemi. 상강 뿌제미

Buddha-vandanā: 붓다-완다나
Iti'pi so bhagavā, 이띠삐 소 바가와
arahaṃ, 아라항
sammā-sambuddho, 삼마-삼붓도
vijjā-caraṇa-sampanno, 윗자-짜라나-삼빤노
sugato, 수가또
lokavidū, 로까위두
anuttaro purisa-damma-sārathi, 아눗따로 뿌리사-담마-사라티
satthā deva-manussānaṃ, 삿타 데와-마눗사낭
Buddho Bhagavā'ti. 붓도 바가와띠

현재의 담마에
나는 늘 경의를 표합니다.

과거의 상가에
아직 오지 않은 상가에
현재의 상가에
나는 늘 경의를 표합니다.

첫걸음부터 마지막 목표까지 담마의 길을 걸으면서
이렇게 나는 붓다를 존경합니다.
이렇게 나는 담마를 존경합니다.
이렇게 나는 상가를 존경합니다.

붓다에 대한 공경:
참으로 그는 더러움으로부터 자유롭고,
모든 정신적 번뇌를 해소하고,
스스로 노력하여 오롯이 깨달았고,
이론과 수행에 완벽하고,
최종 목표에 이르렀고,
온 우주를 알고,
사람들을 가르치는 비할 데 없는 교육자이고,
신들과 사람들의 스승,
그는 붓다, 깨달은 분입니다.

Dhamma-vandanā: 담마-완다나

Svākkhāto Bhagavatā Dhammo, 스왁카또 바가와따 담모

sandiṭṭhiko, 산딧티꼬

akāliko, 아까리꼬

ehi-passiko, 에히-빳시꼬

opanayiko, 오빠나이꼬

paccataṃ veditabbo viññūhī'ti. 빳짜땅 웨디땁보 윈뉴히띠

Saṅgha-vandanā: 상가-완다나

Supaṭipanno Bhagavato sāvaka-saṅgho. 수빠띠빤노 바가와또 사와까-상고

Ujupaṭipanno Bhagavato sāvaka-saṅgho. 우주빠띠빤노 바가와또 사와까-상고

Nāyapaṭipanno Bhagavato sāvaka-saṅgho. 냐야빠띠빤노 바가와또 사와까-상고

Sāmīcipaṭipanno Bhagavato sāvaka-saṅgho. 사미찌빠띠빤노 바가와또 사와까-상고

Yadidaṃ cattāri purisa-yugāni, 야디당 짯따리 뿌리사-유가니

aṭṭha-purisa-puggalā, 앗타-뿌리사-뿍가라

esa Bhagavato sāvaka-saṅgho; 에사 바가와또 사와까-상고

āhuneyyo, pāhuneyyo, 아후네이요 빠후네이요

dakkhiṇeyyo, añjali-karaṇīyo, 닥키네이요 앙잘리-까라니요

anuttaraṃ puññakkhettaṃ lokassā'ti. 아눗따랑 뿐냑켓땅 로깟사띠

– Dhajagga Sutta, Saṃyutta Nikāya, XI(I). 3

담마에 대한 공경:
거룩한 분의 가르침은 분명하게 설명되었고,
스스로 볼 수 있고,
지금 여기서 결과를 주고,
와서 보도록 초대하며,
목표에 곧바로 이끌며,
지성이 있는 사람은 누구나 깨달을 수 있습니다.

상가에 대한 공경:
잘 수행하는 사람들은 거룩한 분의 제자들로 된 집단을 이룹니다.
올바르게 수행하는 사람들은 거룩한 분의 제자들로 된 집단을 이룹니다.
현명하게 수행하는 사람들은 거룩한 분의 제자들로 된 집단을 이룹니다.
제대로 수행하는 사람들은 거룩한 분의 제자들로 된 집단은 이룹니다.
그것은 네 쌍의 사람들이며, 여덟 종류의 개인들로서,
이들은 거룩한 분의 제자들로 된 집단을 이루고,
공양, 환대, 선물, 존경의 인사를 받을 자격이 있으며,
세상을 위해 비할 데 없는 공덕의 장입니다.

–《상윳따 니까야》, XI(I). 3, 〈다작가 숫따〉

여덟째 날

Aniccā vata saṅkhārā, 아닛짜 와따 상카라
uppādavaya-dhammino. 웁빠다와야-담미노
Uppajjitvā nirujjhanti, 웁빳지뜨와 니룻잔띠
tesaṃ vūpasamo sukho. 떼상 우빠사모 수코

– Mahā-Parinibbāna Sutta, Dīgha Nikāya, 16.

Phuṭṭhassa loka-dhammehi, 풋탓사 로까-담메히
cittaṃ yassa na kampati, 찟땅 얏사 나 깜빠띠
asokaṃ, virajaṃ, khemaṃ, 아소깡 위라장 케망
etaṃ mangalamuttamaṃ. 에땅 망갈라뭇따망

– Maṅgala Sutta, Sutta Nipāta, II. 4.

Katvāna kaṭṭhamudaraṃ iva gabbhinīyā 깟와나 깟타무다랑 이와 갑비니야
Ciñcāya duṭṭhavacanaṃ janakāya majjhe, 찐짜야 둣타와짜낭 자나까야 맛제
santena soma vidhinā jitavā munindo. 산떼나 소마 위디나 지따와 무닌도
Taṃ tejasā bhavatu te jayamaṅgalāni! 땅 떼자사 바와뚜 떼 자야 망갈라니!

– Buddha-Jayamaṅgala Aṭṭagāthā.

여덟째 날

이루어진 것들은 참으로 무상하고,
저절로 일어나며 사라집니다.
일어났다 사라지면,
그것들의 소멸은 행복을 가져옵니다.

-《디가 니까야》, 16, 〈대반열반경〉

삶의 우여곡절을 직면할 때,
마음은 흔들리지 않고,
슬픔이 없고, 더러움이 없으며 안전합니다.
이것이 가장 큰 행복입니다.

-《숫따 니빠따》, II. 4, 〈축복경〉

나무 한 조각을 그녀의 배에 묶어 임신한 것처럼 보이려고 한 찐짜는
모든 사람 한가운데서 붓다를 욕했습니다.
평화롭고 부드러운 방법으로 현명한 사람들의 왕은 승리했습니다.
그러한 미덕의 힘으로 당신이 행복하게 승리하기를!

-〈붓다-자야망갈라 앗따가타〉

Attā hi attano nātho, 앗따 히 앗따노 나토
attā hi attano gati. 앗따 히 앗따노 가띠
Tasmā saññamay'attānaṃ, 따스마 산냐마앗따낭
assaṃ bhadraṃ va vāṇijo. 앗상 밧랑 와 와니조

– Dhammapada, XXV. 21 (380)

아홉째 날

Pakārena jānāti'ti paññā. 빠까레나 자나띠띠 빤냐

– Aṭṭhasālinī

Dānaṃ dadantu saddhāya, 다낭 다단뚜 삿다야
sīlaṃ rakkhantu sabbadā, 실랑 락칸뚜 삽바다
bhāvanā abhiratā hontu, 바와나 아비라따 혼뚜
gacchantu devatāgatā. 갓찬뚜 데와따가따

– Dukkhappattādigāthā

열째 날

Atta-dīpā viharatha, 앗따-디빠 위하라타
atta-saraṇā, anañña-saraṇā. 앗따-사라나 아난냐-사라나
Dhamma-dīpā viharatha, 담마-디빠 위하라타
Dhamma-saraṇā, anañña-saraṇā. 담마-사라나 아난냐-사라나

– Mahā-Parinibbāna Sutta, Dīgha Nikāya, II. 3.

여러분은 자신의 주인이고,
자신의 미래를 만듭니다.
그러므로 마치 말장수가 경주용 말을 훈련하듯이,
스스로를 단련하십시오.

-〈법구경〉, XXV. 21 (380)

아홉째 날

지혜는 사물을 다른 방식들로 아는 것입니다.

-〈앗타살리니〉

지극한 마음으로 베풀고,
항상 도덕적인 계율을 지키고,
명상에서 기쁨을 찾으면,
당신은 천상의 삶을 얻을 것입니다.

-〈둑캅빳따디가타〉

열째 날

자신을 섬으로 만드세요.
자신을 귀의처로 만드세요. 다른 귀의처는 없습니다.
진리를 섬으로 만드세요.
진리를 귀의처로 만드세요. 다른 귀의처는 없습니다.

-《디가 니까야》, II. 3, 〈대반열반경〉

Caratha bhikkhave cārikaṃ 짜라타 빅카웨 짜리깡

bahujana-hitāya, bahujana-sukhāya, 바후자나-히따야 바후자나-수카야

lokānukampāya, 로까누깜빠야

atthāya hitāya sukhāya devamanussānaṃ. 앗타야 히따야 수카야 데와마눗사낭

Mā ekena dve āgamittha. 마 에께나 드웨 아가밋타

Desetha bhikkhave Dhammaṃ ādikalyāṇaṃ, 데세타 빅카웨 담망 아디깔야낭

majjhekalyāṇaṃ, pariyosānakalyāṇaṃ 맛제깔야낭 빠리요사나깔랴낭

sātthaṃ sabyañjanaṃ. 삿탕 사브얀자낭

Kevalaparipuṇṇaṃ parisuddhaṃ 께왈라빠리뿐낭 빠리숫당

brahmacariyaṃ pakāsetha. 브라흐마짜리양 빠까세타

Santi sattā apparajakkhajātikā 산띠 삿따 압빠라작카자띠까

assavanatā Dhammassa parihāyanti. 앗사와나따 담맛사 빠리하얀띠

Bhavissanti Dhammassa aññātāro. 바윗산띠 담맛사 안냐따로

– Dutiyā Mārapāsa Sutta, Saṃyutta Nikāya, VI (I). 5

Ye dhammā hetuppabhavā 예 담마 헤뚭빠바와

tesaṃ hetuṃ tathāgato āha 떼상 헤뚱 따타가또 아하

tesaṃ ca yo nirodho; 떼상 짜 요 니로도

evaṃ vādī mahāsamaṇo 에왕 와디 마하사마노

– Vinaya, Mahāvagga, I. 23 (40)

오, 비구들이여!
많은 사람의 이로움과 행복을 위해
세상을 향한 자비심으로,
신들과 사람들이 좋고, 이롭고, 행복하도록
그대의 길을 떠나시오.
두 사람이 같은 방향으로 가지 마시오.
오, 비구들이여!
처음에도 이롭고 중간에도 이롭고 끝에도 이로운
담마를 가르치시오.
담마의 형식과 내용을 모두 가르치시오.
더할 것 없이 완전하고 뺄 것 없이 순수한
거룩한 삶을 알게 하시오.
눈에 조그만 티끌이 있어
담마를 듣지 않으면 길을 잃어버릴 존재들이 있습니다.
그러한 사람들은 진리를 이해할 것입니다.

-《상윳따 니까야》, VI(I). 5, 〈두띠야 마라빠사 숫따〉

원인으로부터 일어나는 현상 중에서
깨달은 분은 원인과 원인의 소멸을 말했습니다.
이것이 위대한 수행자의 교리입니다.

-《율장》, 〈대품〉, I. 23. (40)

Paññatti ṭhapetvā visesena passati'ti vipassanā. 빤냣띠 타뻬뜨와 위세세나 빳사띠띠 위빳사나

– Ledi Sayadaw, Paramattha Dīpanī

Diṭṭhe diṭṭhamattaṃ bhavissati, 딧테 딧타맛땅 바윗사띠
sute sutamattaṃ bhavissati, 수떼 수따맛땅 바윗사띠
mute mutamattaṃ bhavissati, 무떼 무따맛땅 바윗사띠
viññate viññatamattaṃ bhavissati. 윈냐떼 윈냐따맛땅 바윗사띠

– Udāna, I. x

Sabba kāya paṭisaṃvedi 삽바 까야 빠띠상웨디
assasissāmī'ti sikkhati; 앗사싯사미띠 식카띠
sabba kāya paṭisaṃvedi 삽바 까야 빠띠상웨디
passasissāmī'ti sikkhati. 빳사싯사미띠 식카띠

– Mahā-Satipaṭṭhāna Sutta, Dīgha Nikāya, 22

So kāya-pariyantikaṃ vedanaṃ vedayamāno, 소 까야-빠리얀띠깡 웨다낭 웨다야마노
kāya-pariyantikaṃ vedanaṃ vedayāmi'ti pajānāti. 까야-빠리얀띠깡 웨다낭 웨다야미띠 빠자나띠
Jīvita-pariyantikaṃ vedanaṃ vedayamāno, 지위따-빠리얀띠깡 웨다낭 웨다야마노
Jīvita-pariyantikaṃ vedanaṃ vedayāmi'ti pajānāti. 지위따-빠리얀띠깡 웨다낭 웨다야미띠 빠자나띠

위빳사나는 겉으로 보이는 진리를 넘어 특별한 방식으로 실상을 본다는 뜻입니다.

– 레디 사야도, 《최고의 진리 해설》

보이는 것에서 단지 보임이 있을 것입니다.
들리는 것에서 단지 들림이 있을 것입니다.
냄새, 맛, 촉감에서 단지 냄새 맡음, 맛봄, 만짐이 있을 것입니다.
인식되는 것에서 단지 인식됨이 있을 것입니다.

– 〈자설경〉, I. x

"온몸을 느끼면서 나는 숨을 들이쉴 것이다."
이렇게 그는 스스로 훈련합니다.
"온몸을 느끼면서 나는 숨을 내쉴 것이다."
이렇게 그는 스스로 훈련합니다.

– 《디가 니까야》, 22, 〈대념처경〉

몸의 구조 안에서 어디서나 감각을 경험하며 그는 이해합니다.
"나는 몸의 구조 안에서 어디서나 감각을 경험하고 있다."
몸 안에 생명이 있는 어디서나 감각을 경험하면서 그는 이해합니다.
"나는 몸 안에 생명이 있는 어디서나 감각을 경험하고 있다."

– 《상윳따 니까야》, XXXVI(II). i. 7, 〈빠타마 겔라나 숫따〉

– Paṭhama Gelañña Sutta, Saṃyutta Nikāya, XXXVI (II), i.7

Iti ajjhattaṃ vā kāye kāyānupassī viharati, 이띠 앗잣땅 와 까예 까야누빳시 위하라띠

bahiddhā vā kāye kāyānupassī viharati, 바힛다 와 까예 까야누빳시 위하라띠

ajjatta-bahiddhā vā kāye kāyānupassī viharati. 앗잣따-바힛다 까예 까야누빳시 위하라띠

Samudaya-dhammānupassī vā kāyasmiṃ viharati, 사무다야-담마누빳시 와 까야스밍 위하라띠

vaya-dhammānupassī vā kāyasmiṃ viharati, 와야-담마누빳시 와 까야스밍 위하라띠

samudaya-vaya-dhammānupassī vā kāyasmiṃ viharati. 사무다야-와야-담마누빳시 와 까야스밍 위하라띠

Atthi kāyo'ti vā pan'assa sati paccupaṭṭhitā hoti, 앗티 까요띠 와 빠낫사 사띠 빳쭈빳티따 호띠

yāvadeva ñāṇa-mattāya paṭissati-mattāya 야와데와 냐나-맛따야 빠띳사띠-맛따야

anissito ca viharati 아닛시또 짜 위하라띠

na ca kiñci loke upādiyati. 나 짜 낀찌 로께 우빠디야띠

Evaṃ'pi kho bhikkhave bhikkhu kāye kāyanupassī viharati. 에왕삐 코 빅카웨 빅쿠 까예 까야누빳시 위하라띠

– Mahā-Satipaṭṭhāna Sutta, Dīgha Nikāya, 22

그렇게 그는 몸에서 몸을 안으로 관찰하며 머뭅니다.
그는 몸에서 몸을 밖으로 관찰하며 머뭅니다.
그는 몸에서 몸을 안으로 밖으로 관찰하며 머뭅니다.
그는 몸에서 일어나는 현상을 관찰하며 머뭅니다.
그는 몸에서 사라지는 현상을 관찰하며 머뭅니다.
그는 몸에서 일어나고 사라지는 현상을 관찰하며 머뭅니다.
이제 그의 알아차림이 확립되었습니다. "이것은 몸이다."
이러한 알아차림은 단지 이해와 관찰만 남을 때까지 계발되고,
그는 세상 어떤 것에도 집착하지 않고 떨어져서 머뭅니다.
오, 비구들이여!
이것이 비구가 몸에서 몸을 관찰하며 머무는 방법입니다.

-《디가 니까야》, 22, 〈대념처경〉

Ti-ratana saraṇa : 띠-라따나 사라나
Buddhaṃ saraṇaṃ gaccāmi. 붓당 사라낭 갓짜미
Dhammaṃ saraṇaṃ gaccāmi. 담망 사라낭 갓짜미
Saṅghaṃ saraṇaṃ gaccāmi. 상강 사라낭 갓짜미

Pañca-sīla : 빤짜-실라
Pāṇātipātā veramaṇī sikkhāpadaṃ samādiyāmi. 빠나띠빠따 웨라마니 식카빠당 사마디야미
Adinnādānā veramaṇī sikkhāpadaṃ samādiyāmi. 아딘나다나 웨라마니 식카빠당 사마디야미
Kāmesu miccācārā veramaṇī sikkhāpadaṃ samādiyāmi. 까메수 밋짜짜라 웨라마니 식카빠당 사마디야미
Musā-vādā veramaṇī sikkhāpadaṃ samādiyāmi. 무사-와다 웨라마니 식카빠당 사마디야미
Surā-meraya-majja-pamādaṭṭhānā veramaṇī sikkhāpadaṃ samādiyāmi. 수라-메라야-맛자-빠마닷타나 웨라마니 식카빠당 사마디야미

Atthaṅga-sīla : 앗탕가-실라
Pāṇātipātā veramaṇī sikkhāpadaṃ samādiyāmi. 빠나띠빠따 웨라마니 식카빠당 사마디야미
Adinnādānā veramaṇī sikkhāpadaṃ samādiyāmi. 아딘나다나 웨라마니 식카빠당 사마디야미
Kāmesu miccācārā veramaṇī sikkhāpadaṃ samādiyāmi.

삼보에의 귀의:
나는 붓다에 귀의합니다.
나는 담마에 귀의합니다.
나는 상가에 귀의합니다.

다섯 가지 계율:
나는 살아있는 생물을 죽이기를 삼가는 계율을 지키겠습니다.
나는 주지 않는 물건을 가지기를 삼가는 계율을 지키겠습니다.
나는 잘못된 성행위를 삼가는 계율을 지키겠습니다.
나는 거짓말을 삼가는 계율을 지키겠습니다.
나는 무절제한 행동의 원인이 되는 취하게 하는 것들을 삼가는 계율을 지키겠습니다.

여덟 가지 계율:
나는 살아있는 생물을 죽이기를 삼가는 계율을 지키겠습니다.
나는 주지 않는 물건을 가지기를 삼가는 계율을 지키겠습니다.
나는 잘못된 성행위를 삼가는 계율을 지키겠습니다.
나는 거짓말을 삼가는 계율을 지키겠습니다.
나는 무절제한 행동의 원인이 되는 취하게 하는 것들을 삼가는

까메수 밋짜짜라 웨라마니 식카빠당 사마디야미

Musā-vādā veramaṇī sikkhāpadaṃ samādiyāmi. 무사-와다 웨라마니 식카빠당 사마디야미

Surā-meraya-majja-pamādaṭṭhānā veramaṇī sikkhāpadaṃ samādiyāmi. 수라-메라야-맛자-빠마닷타나 웨라마니 식카빠당 사마디야미

Vikāla bhojanā veramaṇī sikkhāpadaṃ samādiyāmi. 위깔라 보자나 웨라마니 식카빠당 사마디야미

Nacca-gīta-vādita-visūka-dassana-mālā-gandha-vilepana-dhāraṇa-maṇḍana-vibhūsanaṭṭhānā veramaṇī sikkhāpadaṃ samādiyāmi. 낫짜-기따-와디따-위수까-닷사나-말라-간다- 윌레빠나-다라나-만다나-위부사낫타나 웨라마니 식카빠당 사마디야미

Uccā-sayana mahā-sayanā veramaṇi sikkhāpadaṃ samādiyāmi. 웃짜-사야나 마하-사야나 웨라마니 식카빠당 사마디야미

계율을 지키겠습니다.

나는 적절하지 않은 때에 먹는 것을 삼가는 계율을 지키겠습니다.

나는 춤, 노래, 악기 연주, 세상의 오락을 삼가고, 목걸이, 향수, 화장품, 보석으로 자신을 꾸미는 것을 삼가는 계율을 지키겠습니다.

나는 높고 호화로운 침대에서 자는 것을 삼가는 계율을 지키겠습니다.

빠알리어
용어 풀이

Ācariya아짜리야: 스승, 선생님, 안내자.

Adhiṭṭhāna아딧타나: 굳은 결심, 결의. 열 가지 pāramī빠라미 중 하나.

Akusala아꾸살라: 불건전한, 해로운. kusala꾸살라의 반대말.

Ānanda아난다: 지복, 기쁨.

Ānāpāna아나빠나: 숨, 호흡. ānāpāna-sati아나빠나-사띠는 숨 알아차림, 호흡 알아차림을 뜻한다.

Anattā아낫따: 자아 없음, 본질 없음, 실체 없음. 현상의 세 가지 기본 특성 중의 하나. lakkhaṇa를 보라.

Anicca아닛짜: 영원하지 않음, 덧없음, 변화. 현상의 세 가지 기본 특성 중의 하나. lakkhaṇa를 보라

Arahant/arahat아라한/아라핫: 해탈한 사람, 마음의 더러움을 모두

파괴한 사람. Buddha를 보라.

Ariya[아리야]: 거룩한 자, 성스러운 자, nibbāna[닙바나](궁극적 실상)를 경험하는 지점까지 마음을 정화한 자. ariya에는 네 단계가 있다. sotāpanna[소따빤나](흐름에 들어선 사람)는 최대 일곱 번까지 다시 태어나고, arahat[아라핫]은 현재의 존재 이후 더 이상 태어남을 거치지 않는다.

Ariya aṭṭhaṅgika magga[아리야 앗탕기까 막가]: 여덟 가지 성스런 길. magga를 보라.

Ariya sacca[아리야 삿짜]: 거룩한 진리. sacca를 보라.

Asubha[아수바]: 깨끗하지 않은, 역겨운, 아름답지 못한. subha[수바]의 반대말.

Assutavā/assutavant[앗수따와/앗수따완뜨]: 배우지 못한. 진리를 들어본 적이 없는 사람, suta-mayā paññā[수따-마야 빤냐]조차 부족한 사람, 그래서 자신의 해탈을 위해 한 걸음을 걸을 수 없는 사람. sutavā[수따와]의 반대말.

Avijjā[아윗자]: 무지, 착각. 연기(paṭicca samuppāda[빠띳짜 사뭅빠다])의 사슬에서 첫 번째 고리. rāga[라가]와 dosa[도사]와 함께 세 가지 주된 마음의 더러움이다. 이들 세 가지는 마음의 모든 더러움, 따라서 괴로움의 뿌리가 되는 원인이다. moha[모하]의 유의어.

Āyatana[아야따나]: 영역. 지역. 특히 지각의 여섯 영역(saḷāyatana[살라야따나]), 즉 다섯 가지 신체 감각과 마음. 그리고 그에 해당하는 대상들은 다음과 같다.

눈(cakkhu[짝쿠])과 시각 대상(rūpa[루빠]).

귀(sota[소따])와 소리(sadda[삿다]).

코(ghāna가나)와 냄새(gandha간다).
혀(jivhā지와)와 맛(rasa라사).
몸(kāya까야)과 접촉(phoṭṭhabba폿탑바).
마음(mano마노)과 마음의 대상, 모든 종류의 생각(dhamma담마).
이것들은 여섯 기능이라고도 한다. indriya를 보라.

Bala발라: 힘. 다섯 가지 마음의 힘은 믿음(saddhā삿다), 노력(viriya 위리야), 알아차림(sati사띠), 집중(samādhi사마디), 지혜(paññā빤냐)이다. 덜 개발된 형태로 이것들은 다섯 기능이라고 부른다. indriya를 보라.

Bhaṅga방가: 용해. 위빳사나 수행에서 중요한 단계. 몸의 분명한 단단함이 분해되어 지속적으로 일어나고 사라지는 미세한 떨림으로 바뀌는 경험.

Bhava바와: 되어감의 과정. Bhava-cakka바와-짝까는 이어지는 존재의 바퀴를 뜻한다. cakka를 보라.

Bhāvanā바와나: 마음의 계발. 명상. bhāvanā는 두 가지로 구분된다.

1. samatha-bhāvanā사마타-바와나: 고요함의 계발. 마음의 집중(samādhi사마디)과 일치. 마음 몰입의 상태로 이끈다.

2. vipassanā-bhāvanā위빳사나-바와나: 통찰의 계발. 지혜(paññā빤냐)와 일치. 해탈로 이끈다.

jhāna, paññā, samādhi, vipassanā를 보라.

Bhāvanā-mayā paññā바와나-마야 빤냐: 개인적이고 직접적인 경험으로 얻은 지혜. paññā를 보라.

Bhavatu sabba maṅgalaṃ바와뚜 삽바 망갈랑: "모든 존재가 행복하기를." 다른 사람들을 위해 선의를 표현하는 전통적인 문구. (문자 그대로 "모든 행복이 있기를.")

Bhikkhu빅쿠: 비구 스님, 명상가. 비구니 스님은 Bhikkhunī빅쿠니이다.

Bodhi보디: 깨달음.

Bodhisatta보디삿따: 문자 그대로 '깨달은 자'. 붓다가 되려고 수행하는 자. 싯다르타 고타마가 완전한 깨달음을 이루기 전에 그를 부르던 이름. (산스크리트어로는 bodhisattva보디사트바).

Bojjhaṅga봇장가: 깨달음의 요소, 즉 깨달음을 얻는 데 도움이 되는 자질. 일곱 가지 깨달음의 요소(칠각지)는 알아차림(sati사띠), 담마를 꿰뚫어 조사함(Dhamma-vicaya담마-위짜야), 노력(viriya위리야), 기쁨(pīti삐띠), 고요함(passaddhi빳삿디), 집중(samādhi사마디), 평정심(upekkhā우뻭카)이다.

Brahmā브라흐마: 더 높은 천국에 사는 자. 인도 종교에서 존재계에서의 가장 높은 존재를 가리키는 데 사용되었고 전통적으로 전능한 창조자, 즉 신으로 여겼지만, 붓다는 모든 존재처럼 썩어가고 죽는 대상으로 설명했다.

Brahma-vihāra브라흐마-위하라: brahmā브라흐마의 성질로, 마음이 숭고하거나 거룩한 상태에서 네 가지 순수한 자질이 있다. 이 네 가지 자질은 사심 없는 사랑(mettā멧따), 불쌍히 여기는 마음(karuṇā까루나), 다른 사람의 행운에 기뻐함(muditā무디따), 자신이 마주하는 모든 것에 대한 평정심(upekkhā우뻭카)이다. 명상 수행을 통해 이런 네 가지 자질을 체계적으로 기른다.

Brahmacariya브라흐마짜리야: 금욕. 깨끗하고 성스러운 삶.

Brāhmaṇa브라흐마나: 문자 그대로 깨끗한 사람. 전통적으로 인도에서 사제 계급의 구성원을 가리키는 데 사용되었다. 그러한 사람은 그를 '구하거나' 자유롭게 하기 위해 신(Brahmā브라흐마)에 의존한다. 이런 면에서 그는 samaṇa사마나와 다르다. 붓다는 마음을 깨끗이 한 사람을 참된 brāhmaṇa, 즉 arahat아라핫이라고 설명했다.

Buddha붓다: 깨달은 자, 해탈로 가는 길을 찾고 그 길을 수행하며 자신의 노력으로 목표에 이른 자. 두 종류의 붓다가 있다.

1. pacceka-buddha빳쩨까-붓다: '외로운' 또는 '말 없는' 붓다로서, 그가 찾은 길을 다른 사람들에게 가르칠 수 없는 붓다이다.

2. sammā-sambuddha삼마-삼붓다: '완전한' 또는 '완벽한' 붓다로서, 다른 사람들을 가르칠 수 있는 붓다이다.

Cakka짝까: 바퀴, 회전. Bhava-cakka바와-짝까는 이어지는 존재의 바퀴, 즉 고통의 과정을 뜻하며, saṃsāra삼사라와 의미가 같다. Dhamma-cakka담마-짝까는 담마의 바퀴, 즉 가르침 혹은 해탈의 과정을 뜻한다. Bhava-cakka는 일반적인 순서에 따라 일어나는 연기의 사슬과 일치한다. Dhamma-cakka는 고통을 더 이상 증식시키지 않을 뿐만 아니라 고통의 소멸로 이끄는 반대로 가는 사슬과 일치한다.

Cintā-mayā paññā찐따-마야 빤냐: 지적인 이해로 얻은 지혜. paññā를 보라.

Citta찟따: 마음. Cittānupassanā찟따누빳사나는 마음의 관찰을 뜻한다. satipaṭṭhāna를 보라.

Dāna다나: 기부, 베풂, 보시. 열 가지 pāramī빠라미 중 하나이다.

Dhamma담마: 현상, 마음의 대상, 자연, 자연의 법칙, 해탈의 법칙, 즉 깨달은 자의 가르침. Dhammānupassanā담마누빳사나는 마음 내용의 관찰을 뜻한다. satipaṭṭhāna를 보라. (산스크리트어로는 dharma다르마)

Dhātu다뚜: 요소(mahā-bhūtāni를 보라), 자연적 조건, 속성.

Dosa도사: 혐오. rāga라가, moha모하와 함께 세 가지 주된 마음의 더러움이다.

Dukkha둑카: 괴로움, 불만족. 현상의 세 가지 기본 특성 중의 하나(lakkhaṇa를 보라). 첫 번째 거룩한 진리(sacca를 보라).

Gotama고따마: Buddha붓다의 성씨. (산스크리트어로는 Gautama가우타마)

Hinayāna히나야나: 문자 그대로 '작은 수레'. 다른 전통에서 Theravāda테라와다 불교를 부르는 용어.

Indriya인드리야: 기능. 이 책에서는 지각의 여섯 영역(āyatana를 보라)과 다섯 마음 힘(bala를 보라)을 가리키기 위해 사용되었다.

Jāti자띠: 생, 태어남, 존재.

Jhāna자나: 마음의 몰입 또는 무아 상태. samādhi사마디 또는 samatha-bhāvanā사마타-바와나(bhāvanā를 보라)의 수행으로 얻을 수 있는 여덟 가지의 그런 상태가 있다. 그러한 상태를 기르면 고요함과 행복을 가져오지만, 가장 깊이 박혀있는 마음의 더러움을 뿌리 뽑지는 못한다.

Kalāpa/aṭṭha-kalāpa깔라빠/앗타-칼라빠: 물질을 구성하는 가장 작은 입자들. 네 가지 요소와 각각의 특성으로 구성되었다. mahā-bhūtāni를 보라.

Kalyāṇa-mitta깔랴나-밋따: 문자 그대로 '자신의 행복에 대한 친구'. 따라서 해탈을 향해 안내하는 사람, 즉 영적인 안내자.

Kamma깜마: 행위, 특히 스스로 한 행위로서 자신의 미래에 영향을 미침. (산스크리트어로는 karma카르마)

Kāya까야: 몸. Kāyanupassanā까야누빳사나는 몸의 관찰을 뜻한다. satipaṭṭhāna를 보라.

Khandha칸다: 덩어리, 무리, 무더기. 사람은 다섯 덩어리로 구성된다. 물질(rūpa루빠), 의식(viññāṇa윈냐나), 지각(saññā산냐), 느낌·감각(vedanā웨다나), 반응(saṅkhāra상카라).

Kilesa낄레사: 마음의 더러움, 부정성, 마음의 불순물. Anusaya kilesa아누사야 낄레사는 잠재하는 더러움, 무의식 속에 잠자고 있는 불순물을 뜻한다.

Kusala꾸살라: 건전한, 이로운. akusala아꾸살라의 반대말.

Lakkhaṇa락카나: 표시, 구별되는 흔적, 특성. 세 가지 특성(ti-lakkhaṇa띠-락카나)은 anicca아닛짜, dukkha둑카, anattā아낫따이다. 처음 둘은 모든 조건 지워진 현상에 공통된다. 세 번째는 조건 지워지거나 조건 지워지지 않은 모든 현상에 공통된다.

Lobha로바: 갈망. rāga라가의 유의어.

Loka로까: 1. 대우주, 즉 우주, 세계, 존재계. 2. 소우주, 즉 마음-물질 구조. Loka-dhamma로까-담마는 세상의 우여곡절, 모두가 직면하는 삶의 오르막 내리막, 즉 얻음이나 잃음, 이김이나 짐, 칭찬이나 비난, 기쁨이나 아픔을 뜻한다.

Magga막가: 길. Ariya aṭṭhaṅgika magga아리야 앗탕기까 막가는 괴로움으로부터 해탈로 이끄는 여덟 가지 성스런 길을 뜻한다. 세 가지 단계 혹은 훈련으로 나뉜다.

1. sīla실라: 도덕성, 말과 몸으로 하는 행동의 깨끗함.

(1) sammā-vācā삼마-와짜: 바른 말.

(2) sammā-kammanta삼마-깜만따: 바른 행동.

(3) sammā-ājīva삼마-아지와: 바른 생계수단.

2. Samādhi사마디: 집중, 자신의 마음을 제어함.

(4) Sammā-vāyāma삼마-와야마: 바른 노력.

(5) sammā-sati삼마-사띠: 바른 알아차림.

(6) sammā-samādhi삼마-사마디: 바른 집중.

3. paññā빤냐: 지혜, 마음을 완전히 깨끗이 하는 통찰.

(7) sammā-saṅkappa삼마-상깝빠: 바른 생각.

(8) sammā-diṭṭhi삼마-딧티: 바른 이해.

Magga는 네 가지 성스런 진리의 네 번째이다. sacca를 보라.

Mahā-bhūtāni마하-부따니: 물질을 구성하는 네 가지 요소.

1. pathavī-dhātu빠타위-다뚜: 흙 요소(무게).
2. āpo-dhātu아뽀-다뚜: 물 요소(응집력).
3. tejo-dhātu떼조-다뚜: 불 요소(온도).
4. vāyo-dhātu와요-다뚜: 공기 요소(움직임).

Mahāyāna마하야나: 문자 그대로 '큰 수레'. 붓다 이후 몇 세기가 지난 뒤 인도에서 발달한 불교의 형태로, 북쪽으로 퍼져 티베트, 중국, 베트남, 몽골, 한국, 일본까지 퍼졌다.

Maṅgala망갈라: 번영, 축복, 행복.

Māra마라: 죽음, 부정적인 힘, 악.

Mettā멧따: 사심 없는 사랑과 선의. 깨끗한 마음의 자질 중 하나 (Brahma-vihāra를 보라). 열 가지 pāramī빠라미 중의 하나. Mettā-bhāvanā멧따-바와나는 명상 수행을 통해 mettā를 체계적으로 기르는 것을 뜻한다.

Moha모하: 무지, 착각. avijjā아윗자의 유의어. rāga라가, dosa도사와 함께 세 가지 주된 마음의 더러움이다.

Nāma나마: 마음. Nāma-rūpa나마-루빠는 마음과 물질, 정신적-신체적 연속체를 뜻한다. Nāma-rūpa-viccheda나마-루빠-윗체다는 죽음 혹은 nibbāna닙바나의 경험에서 일어나는 마음과 물질의 분리를 뜻한다.

Nibbāna닙바나: 소멸, 괴로움으로부터 자유로움, 궁극적 실상, 조건 지워지지 않음. (산스크리트어로는 nirvāṇa니르바나)

Nirodha니로다: 멈춤, 뿌리 뽑음. 종종 nibbāna닙바나의 유의어로 사용된다. Nirodha-sacca니로다-삿짜는 괴로움의 소멸에 관한 진리를 뜻하며, 네 가지 거룩한 진리 중 세 번째이다. sacca를 보라.

Nīvaraṇa니와라나: 장애, 방해. 마음의 계발을 방해하는 다섯 가지는 갈망(kāmacchanda까맛찬다), 혐오(vyāpāda뷔아빠다), 마음이나 몸의 게으름(thīna-middha티나-밋다), 들뜸(uddhacca-kukkucca웃닷짜-꾹꿋짜), 의심(vicikicchā위찌낏차)이다.

Oḷārika올라리까: 거친, 굵은. sukhuma수쿠마의 반대말.

Pāli빠알리: 구절, 경전, 붓다의 가르침을 기록한 경전. 혹은 그 경전의 문자. 역사적·언어적·고고학적 증거는 pāli가 붓다 당시 북北인도에서 실제로 상용된 언어였음을 보여준다. 이후에 경전은 전적으로 문학적인 언어였던 산스크리트어로 번역된다.

Paññā빤냐: 지혜. 여덟 가지 성스런 길을 수행하는 세 가지 훈련 중 세 번째(magga를 보라). 세 가지 지혜가 있다.

1. suta-mayā paññā수따-마야 빤냐: 들어서 얻은 지혜.
2. cintā-mayā paññā찐따-마야 빤냐: 지적인 이해로 얻은 지혜.
3. bhāvanā-mayā paññā바와나-마야 빤냐: 경험으로 얻은 지혜.

이것들 중에서 경험으로 얻은 지혜만이 마음을 완전히 깨끗하게 할 수 있고, vipassanā-bhāvanā위빳사나-바와나를 수행하여 키울 수 있다. 지혜는 다섯 가지 마음의 힘(bala를 보라)과 일곱 가지 깨달음의 요소(bojjhaṅga를 보라), 열 가지 pāramī빠라미 중의 하나이다.

Pāramī/pāramitā빠라미/빠라미따: 완벽. 공덕. 자기중심주의를 녹이고 해탈로 이끄는 데 도움을 주는 이로운 마음 자질. 열 가지 pāramī빠라미는 기부(dāna다나), 도덕(sīla실라), 버림(nekkhamma넥캄마), 지혜(paññā빤냐), 노력(viriya위리야), 참을성(khanti칸띠), 진리(sacca삿짜), 굳은 결심(adhiṭṭhāna아디타나), 사심 없는 사랑(mettā멧따), 평정심(upekkhā우뻭카)이다.

Paṭicca samuppāda빠띳짜 사뭅빠다: 연기의 사슬, 원인의 발생. 어리석음으로 시작되는 과정으로서, 생을 거듭하여 자신에게 괴로움을 만든다.

Pūjā뿌자: 존경, 공경, 종교적 의식 또는 예식. 붓다는 자신을 공경하는 유일하고 제대로 된 pūjā가 첫걸음부터 마지막 목표까지 붓다의 가르침을 실제로 수행하는 것이라고 가르쳤다.

Puññā뿐냐: 덕 또는 공덕이 되는 행동. 그런 행동을 함으로써 지금 행복을 얻고 앞으로도 행복을 얻는다. 재가자에게 puññā는 기부를 하고(dāna다나), 도덕적인 삶을 살며(sīla실라), 명상을 하는 것(bhāvanā바와나)이다.

Rāga라가: 갈망. dosa도사, moha모하와 함께 세 가지 주된 마음의 더러움이다. lobha로바의 유의어.

Ratana라따나: 보석. 보배. Ti-ratana띠-라따나는 세 가지 보물, 즉 Buddha붓다, Dhamma담마, Saṅgha상가를 뜻한다.

Rūpa루빠: 1. 물질. 2. 시각 대상. āyatana, khandha를 보라.

Sacca삿짜: 진리. 네 가지 성스런 진리(ariya-sacca아리야-삿짜), 즉 사성제는 다음과 같다.

1. dukkha-sacca둑카-삿짜: 괴로움이라는 진리.

2. samudaya-sacca사무다야-삿짜: 괴로움의 원인이라는 진리.

3. nirodha-sacca니로다-삿짜: 괴로움의 소멸이라는 진리.

4. magga-sacca막가-삿짜: 괴로움의 소멸로 이끄는 길이라는 진리.

Sādhu사두: "잘 했습니다." "잘 말씀하셨습니다." 동의 또는 승인의 표현.

Samādhi사마디: 집중, 마음의 통제. 여덟 가지 성스런 길을 수행하는 세 가지 훈련 중 두 번째(magga를 보라). 그 자체를 목표로 수행할 때 마음의 몰입 상태(jhāna자나)를 얻게 하지만 마음의 완전한 자유로 이끌지는 않는다. samādhi의 세 가지 형태는 다음과 같다.

1. khaṇika samādhi카니까 사마디: 일시적인 집중. 순간에서 순간으로 집중이 유지된다.

2. upacāra samādhi우빠짜라 사마디: 몰입의 상태에 다가가는 단계의 '가까이 가는' 집중.

3. appanā samādhi압빠나 사마디: 성취된 집중, 마음의 몰입 상태(jhāna).

이것들 중에서 khaṇika samādhi는 vipassanā위빳사나 수행을 시작할 수 있는 준비가 충분히 된 것이다.

Samaṇa사마나: 은둔자, 떠돌이 수행자, 탁발승. 재가자의 삶을 버린 사람. brahamana브라하마나가 그를 '구하거나' 해탈시키기 위해 신에게 의존하는 반면, samaṇa는 자신의 노력으로 해탈을 추구한다. 따라서 이 용어는 수도 생활을 하는 붓다와 그를 따르는 사람들에게 적용될 뿐만 아니라 붓다를 따르지 않는 수행자들도 포함한다. Samaṇa Gotama('고타마 수행자')는 붓다를 따르지 않는 사람들이 붓다를 부를 때 일반적으로 사용되었다.

Samatha사마타: 고요, 평온. Samatha-bhāvanā사마타-바와나는 고요함의 계발을 뜻한다. samādhi사마디의 유의어. bhāvanā를 보라.

Sampajāna삼빠자나: sampajañña삼빠잔냐를 가지는 것. 다음을 보라.

Sampajañña삼빠잔냐: 인간 현상 전체에 대한 이해, 즉 감각으로 그것의 영원하지 않은 성질을 통찰함.

Saṃsāra삼사라: 다시 태어남의 되풀이. 조건 지워진 세계, 괴로움의 세계.

Samudaya사무다야: 일어남, 비롯됨. Samudaya-dhamma사무다야-담마는 일어남의 현상을 뜻한다. Samudaya-sacca사무다야-삿짜는 괴로움의 원인이라는 진리를 뜻한다. 네 가지 성스런 진리의 두 번째.

Saṅgha상가: 모임으로, nibbāna닙바나를 경험한 성스러운 자인 ariyā아리야의 공동체, 불교 스님들의 공동체, ariya-saṅgha아리야-상가, bhikkhu-saṅgha빅쿠-상가 또는 bhikkhunī-saṅga비쿠니-상가의 구성원.

Saṅkhāra상카라: 마음의 형성. 의도적 행위. 마음의 반응. 마음의 조건화. khandhā칸다의 하나일 뿐만 아니라 연기의 사슬(paṭicca samuppāda빠띳짜 사뭅빠다)에서 두 번째 고리이다. saṅkhāra는 kamma깜마이고, 미래의 결과를 만드는 행동이며, 따라서 자신의 미래 삶을 실제로 형성하는 책임이 있다. (산스크리트어로는 saṃskāra삼스카라).

Saṅkhārupekkhā상카루뻭카: 문자 그대로 saṅkhāra상카라에 대한 평정심. vipassanā위빳사나 수행에서 bhaṅga방가의 경험 후에 무의식 속에서 잠자던 오래된 불순물이 마음 표면으로 올라와 몸 감각으로 나타난다. 이 감각에 대해 평정심(uppekkhā우뻭카)을 유지함으로써 명상하는 사람은 새로운 saṅkhāra를 만들어내지 않고 오래된 saṅkhāra가 사라지게 한다. 따라서 그 과정은 모든 saṅkhāra를 점차 소멸하도록 이끈다.

Saññā산냐: (saṃyutta-ñāṇa상윳따-냐나로부터, 조건 지워진 지식) 지각, 인식. khandhā칸다의 하나. 보통 자신의 과거 saṅkhāra상카라에 의해 조건 지워져 실상을 왜곡된 이미지로 전달한다. vipassanā위빳사나 수행에서 saññā는 실상을 있는 그대로 이해하는 paññā빤냐로 바뀐다. 그것은 anicca-saññā아닛짜-산냐, dukkha-saññā둑카-산냐, anattā-saññā아낫따-산냐, asubha-saññā아수바-산냐로 바뀌는데, 그 뜻은 각각 영원하지 않음, 괴로움, 자아 없음, 물리적 아름다움의 허황된 성질에 대한 지각이다.

Saraṇa사라나: 피난처, 귀의처, 보호. Ti-saraṇā띠-사라나는 삼보에의 귀의, 즉 Buddha붓다, Dhamma담마, Saṅgha상가에의 귀의를 뜻한다.

Sati사띠: 알아차림. 여덟 가지 성스런 길의 구성요소(magga를 보라)일 뿐만 아니라 다섯 가지 마음의 힘(bala를 보라)과 일곱 가지 깨달음의 요소(bojjhaṅga를 보라) 중의 하나이다. Ānāpāna-sati아나빠나-사띠는 호흡 알아차림을 뜻한다.

Satipaṭṭhāna사띠빳타나: 알아차림의 확립. satipaṭṭhāna의 네 가지는 서로 연관된 부분이 있다.

1. kāyānupassanā까야누빳사나: 몸의 관찰.
2. vedanānupassanā웨다나누빳사나: 몸에서 일어나는 감각의 관찰.
3. cittānupassanā찟따누빳사나: 마음의 관찰.
4. dhammānupassanā담마누빳사나: 마음 내용의 관찰.

감각은 몸뿐만 아니라 마음과도 직접 연관되어 있기 때문에, 네 가지 모두 감각의 관찰에 포함된다. '알아차림의 확립에 대한 위대한 법문'〈Mahā-Satipaṭṭhāna Suttanta마하-사띠빳타나 숫딴따〉(《Dīgha Nikāya디가 니까야》, 22)는 vipassanā-bhāvanā위빳사나-바와나의 수행에 대한 이론적 바탕을 설명하는 주된 자료이다.

Sato사또: 알아차림. Sato sampajāno사또 삼빠자노는 감각을 관찰함으로써 마음-몸 구조 전체의 무상한 성질을 이해하면서 알아차리는 것을 말한다.

Siddhattha싯닷타: 문자 그대로 '할 일을 끝낸 사람'. 역사적 인물인 붓다의 개인적인 이름. (산스크리트어로는 Sidhārtha싯다르타)

Sīla실라: 도덕, 자신과 다른 사람들에게 해를 끼치는 육체적·언어적 행위를 삼감. 여덟 가지 성스런 길을 수행하는 세 가지 훈련 중 첫 번째(magga를 보라). 재가자에게 sīla는 일상생활에서 다섯 가지 계율을 지키면서 수행하는 것이다.

Sotāpanna소따빤나: 성스러움의 첫 번째 단계에 다다랐고 nibbāna닙바나를 경험한 사람. ariya를 보라.

Sukha수카: 기쁨, 행복. dukkha둑카의 반대말.

Sukhuma수쿠마: 가녀린, 미세한. oḷārika올라리까의 반대말.

Suta-mayā paññā수따-마야 빤냐: 들어서 얻은 지혜. paññā를 보라.

Sutavā/sutavant수따와/수따완뜨: 가르침을 받은, 진리를 들었고 suta-mayā paññā수따-마야 빤냐를 가진 사람. assutavā앗수따와의 반대말.

Sutta숫따: 붓다 또는 그의 주요 제자들이 한 법문. (산스크리트어로는 sutra수트라)

Taṇhā딴하: 문자 그대로 '목마름'. 갈망과 그 반대인 혐오를 포함한다. 붓다는 첫 가르침인 '담마의 바퀴를 굴리는 법문'〈Dhammacakkappavattana Sutta담마짝깝빠왓따나 숫따〉에서 taṇhā를 괴로움의 원인(samudaya-sacca사무다야-삿짜)이라고 밝혔다. 연기의 사슬(paṭicca samuppāda빠띳짜 사뭅빠다)에서 붓다는 감각에 대한 반응으로 taṇhā가 일어난다고 설명한다.

Tathāgata따타가따: 문자 그대로 '그렇게 감' 또는 '그렇게 옴'. 실상의 길을 걸어서 완전한 진리에 이른 사람, 즉 깨달은 사람을 뜻한다. 붓다가 일상적으로 자신을 일컬을 때 쓴 용어이다.

Theravāda테라와다: 문자 그대로 '웃어른들의 가르침'. 붓다의 가르침으로서, 남아시아(미얀마, 태국, 스리랑카, 라오스, 캄보디아)에서 수세기 동안 보존된 형태를 뜻한다. 일반적으로 붓다의 가르침의 가장 오래된 형태로 인정된다.

Ti-lakkhaṇa띠-락카나: lakkhaṇa를 보라.

Tipiṭaka띠삐따까: 문자 그대로 '세 바구니'. 붓다 가르침의 세 모음집. (산스크리트어로는 Tripiṭaka트리피타카)

1. Vinaya-piṭaka위나야-삐따까: 율장, 수도 생활의 계율 모음집.

2. Sutta-piṭaka숫따-삐따까: 경장, 법문 모음집.

3. Abhidhamma-piṭaka아비담마-삐따까: 논장, 더 높은 가르침의 모음집, 즉 담마에 관한 체계적이고 철학적인 해설서.

Ti-ratana띠-라따나: ratana를 보라.

Udaya우다야: 일어남. Udayabbaya우다얍바야는 일어남과 사라짐, 즉 무상(또한 udaya-vyaya우다야-뷔아야)을 뜻한다. 이 실상을 경험으로 이해하는 것은 자신 안에서 늘 변하는 감각을 관찰함으로써 얻어진다.

Upādāna우빠다나: 집착, 매달림.

Upekkhā우뻭카: 평정심. 갈망, 혐오, 무지로부터 자유로운 마음 상태. 네 가지 마음의 깨끗한 상태(Brahma-vihāra를 보라), 일곱 가지 깨달음의 요소(bojjhaṅga를 보라), 열 가지 pāramī빠라미 중의 하나이다.

Uppāda웁빠다: 나타남, 일어남. Uppāda-vaya웁빠다-와야는 일어남과 사라짐을 뜻한다. Uppāda-vaya-dhammino웁빠다-와야-담미노는 일어남과 사라짐의 성질을 가짐을 뜻한다.

Vaya/vyaya와야/뷔아야: 사라짐. 썩어감. Vaya-dhamma와야-담마는 사라짐의 현상을 뜻한다.

Vedanā웨다나: 느낌·감각. khandhā칸다의 하나. 붓다는 마음과 몸에 관한 측면을 둘 다 가진다고 설명했다. 따라서 vedanā는 몸과 마음 전체를 검토하는 수단을 제공한다. 연기의 사슬(paṭicca samuppāda빠띳짜 사뭅빠다)에서 붓다는 taṇhā딴하가 괴로움의 원인이고 vedanā에 대한 반응으로 일어난다고 설명했다. vedanā를 객관적으로 관찰하는 것을 배움으로써 갈망과 혐오의 새로운 반응을 피할 수 있고 자신 안에서 anicca[아닛짜]의 실상을 직접 경험할 수 있다. 이 경험은 마음의 자유로 이끄는 무집착의 계발을 위해 꼭 필요하다.

Vedanānupassanā[웨다나누빳사나]: 몸에서 감각을 관찰하는 것. satipaṭṭhāna를 보라.

Viññāṇa[윈냐나]: 의식, 인식. khandhā[칸다]의 하나.

Vipassanā[위빳사나]: 자기성찰, 마음을 깨끗이 하는 통찰. 특히 마음과 몸의 무상함, 괴로움, 자아 없음의 성질을 꿰뚫어보는 것을 뜻한다. Vipassanā-bhāvanā[위빳사나-바와나]는 몸에서 일어나는 감각을 관찰함으로써 자신의 실상을 관찰하는 명상법을 통해 통찰을 체계적으로 계발하는 것을 뜻한다.

Viveka[위웨까]: 떨어져 있음. 구별하는 지성.

Yathā-bhūta[야타-부따]: 문자 그대로 '있는 그대로'. 실상. Yathā-bhūta-ñāṇa-dassana[야타-부따-냐나-닷사나]는 있는 그대로의 진리를 깨닫는 지혜를 뜻한다.